以愛制暴的人權鬥士

馬丁路德金恩博士

Martin Luther King Jr.

作者—王樵一　導讀—葉浩

目次

006 導讀

027 第一章 在大蕭條與種族隔離下誕生：小金恩的童年生活

039 第二章 熱愛閱讀，立志成為牧師：青少年時期的金恩

047 第三章 進入克羅澤神學院，邂逅一生摯愛

055 第四章 前往蒙哥馬利，與哀傷的人同哀傷

059 第五章 蒙哥馬利奇蹟，黑人拒乘公車運動開始

081 第六章 蒙哥馬利奇蹟向外擴散，金恩成為全美民權運動領袖
089 第七章 新書宣傳遇刺，促成印度之旅
093 第八章 造訪印度，非暴力運動的聖地
107 第九章 學生占座抗爭運動開始，民權運動全面展開
117 第十章 誣陷金恩逃稅，告上法庭、逮捕下獄
121 第十一章 結識甘迺迪，民權運動的堅實盟友

第十二章 占位抗爭被捕下獄，起因卻是交通違規 125
第十三章 自由乘客事件，武裝暴力攻擊襲向和平抗爭群眾 131
第十四章 奧爾巴尼抗議運動，金恩反覆被捕下獄 137
第十五章 前往死蔭幽谷，黑人的深淵地獄伯明罕 143
第十六章 前進華盛頓，「我有一個夢」撼動人心 169
第十七章 盟友倒下，約翰·甘迺迪遇刺 179

第十八章 密西西比的自由之夏 185

第十九章 獲頒諾貝爾和平獎 191

第二十章 塞爾瑪—蒙哥馬利連線 195

第二十一章 組織北方黑人，發起籃子麵包運動 203

第二十二章 即使被誤解與討厭，也要反對越戰 207

第二十三章 貧民進軍華盛頓，金恩遇刺身亡 213

參考資料 222

左手拿《聖經》、右手指著《美國憲法》的耶利米

——二十世紀民權鬥士馬丁・路德・金恩

葉浩　國立政治大學政治學系副教授

一、起點：「愛仇敵」不該是接受壓迫，而是尋求共同的救贖

> 那時候我感受到了神的親臨，一種不曾有過的體驗。我宛如親耳聽見了來自內在的聲音，以確定的口吻輕輕說：「站起來捍衛正義，捍衛真理！上帝會永遠在你身邊。」我的恐懼幾乎立即開始退去，不確定也跟著消失。我可以面對任何事情了。外在的情境維持不變，但上帝賜給了我內在的寧靜。
>
> ——馬丁・路德・金恩[1]

1 Martin Luther King Jr., *Strength to Love* (Philadelphia: Fortress, 1963), p.113.

這一刻是金恩的人生轉捩點！時間是一九五六年一月二十七日半夜，地點在自家廚房，此時的他恐懼又無助，決定把一切都交託在上帝的手中。而上帝也給了明確的回應——他後來在自傳裡說，那聲音是來自於耶穌。

此前不到兩個月的十二月一日，阿拉巴馬州蒙哥馬利郡的一位非裔美國婦女羅莎・帕克斯（Rosa Parks）拒絕讓座給白人而被捕，因為那違背了當地的種族隔離法律。隔天晚上，身為當地浸信會牧師的金恩（Martin Luther King, Jr., 1929-1968）舉行了一場黑人領袖會議，並於三天之後聯合帕克斯女士的律師等人發起了一場為數超過五萬人的罷乘公車運動。然而，運動開始的當天帕克斯被判有罪並處十四美元罰款，黑人領袖旋即再次開會，決議成立「蒙哥馬利改進協會」（Montgomery Improvement Association，簡稱ＭＩＡ），準備長期抗戰，並推選金恩為協會主席。

金恩在廚房祈求上帝親自介入之前，已飽受來自白人社會的各種謾罵與騷擾，同為上帝子民的白人牧師也不支持，甚至訓斥那些參與民權運動的黑人基督徒過於躁進、不懂得靜候上帝的時間。而聽到耶穌回應的前一天，他本人也被捕入獄（因為在速限二十五英里的地方超速五英里），出獄之後身心俱疲，回到家後還接到了威脅他人身安全的電話。在餐桌前禱告的他，雖然絕望、害怕，但也知道整個運動的參與者期盼一位能指引方向的領導者。更重要的是，他知道唯一能引領自己的只剩下上帝。

能如此作想，當然也因為金恩本人是個基督徒。自幼聰穎的他五歲時自願受洗，十五歲提前進入大學就讀，十八歲開始講道，二十六歲成為這場維持了三百八十一天的「抵制蒙哥馬利公車」（Montgomery Bus Boycott）運動的靈魂人物，不僅開啟了二十世紀六〇年代「非裔美國人民權運動」（African-American Civil Rights Movement）的濫觴，也讓始於十九世紀的黑人解放運動走完了最後一哩路。在一九六七年的一場布道會裡，也就是他遇刺身亡的半年前，他如此回顧自己所做的一切：

在我成為一名民權領袖之前，我只是一名福音宣教士，那是我第一份工作，也依然是我最大的奉獻。其實我在民權運動所做的一切都是因為我認為它是我神職工作的一部分。此生我一心致力於實現卓越的基督教事工，沒有別的野心。[2]

這一段看似所有基督徒都會說的話，旨在感謝主的帶領，並將一切榮耀歸於主，但實則隱藏了金恩對於一個基督徒身處種族歧視嚴重的社會底下，應該如何面對才稱得上是「耶穌的門徒」之看法。

2 https://zh.wikipedia.org/wiki/ 马丁 • 路德 • 金 #cite_note-16

的確，倘若沒有從教會走上街頭，或許金恩終身將是個浸信會牧師，跟當時絕大部分的牧師一樣，在教堂裡教導「上帝的眼中，人人平等」的理念，走出教堂之後卻對於白人與黑人之間的各種不平等視若無睹，不但自己不採取任何行動，甚至還會引用耶穌底下的話來告誡黑人同胞：

你們聽見有話說，「要愛你的鄰舍，恨你的仇敵。」只是我告訴你們，要愛你們的仇敵，為那迫害你們的禱告。（《聖經．馬太福音》五章：43—44節）

相較於許多黑人牧師將此理解為消極接受一切不義的誡命，抑或白人牧師藉此檢討受害者的做法，金恩卻試圖尋找一個積極對抗不義，同時又能不違背這個教導的做法。

事實上，金恩的整個求學生涯可理解為尋求此一做法的心路歷程，也是一段與上帝拔河的過程，不但涉及了對耶穌的質疑，對於人能否得救的懷疑，以及對於上帝國度的終極想像——究竟是該建立在地上，還是死後才進入的天上？直到他接觸到甘地的思想之後，這些問題才迎刃而解並走出一條解放神學之路。

二、耶穌指出了目的地，甘地則提供抵達的方法

接觸到甘地的「非暴力」（*ahimsa*/non-violence）思想之前，金恩其實接受過「社會福音」（Social Gospel）的洗禮。首先，剛進入莫爾豪斯學院的他隨即受到校長班傑明・梅治（Dr. Benjamin E. Mays, 1894-1984）的影響。梅治是民權運動興起之前，批判種族隔離政策的主要聲音之一。身為浸信會牧師的他，也是影響數代黑人自覺，進而爭取平權的精神領袖，強調身為人的尊嚴，以及美國民主理想與現實之間的落差，並主張福音可以用來喚醒社會，而教會不僅可以提供受逼迫者物質的協助以及心靈上的安慰，更應該與弱勢者站在同一戰線，直接採取行動來對抗不公、消弭不義。

與此同時，金恩也因為受到了神學家喬治・凱爾西（George D. Kelsey）教授的影響，逐漸明白自己父親所奉行的基本教義立場並落實基督信仰的唯一方式。換言之，他最終接受了梅治的教導，一方面相信黑人必須藉由教育和政治行動來自救，關在教堂裡面不主動對抗外在世界不過是一種逃避，一方面也開始堅信，無論是沒有神學作為基礎的非暴力抗爭論述，或沒有神在背後支持的非暴力抗爭運動，都不可能成功，也因此在大三的時候回歸信仰。

雖然金恩推崇梅治為自己的精神導師，但後者並未提供具體的政治策略。不過，在畢業之前他閱讀了一個世紀之前亨利・梭羅（Henry David Thoreau, 1817-1862）的《論公民不服從》（*On Civil Disobedience*），並且認真思索了後者以拒繳稅金來抗議政府持續允許蓄奴且入侵墨西哥的做法。梭羅在該文主張，「組織本來就不具備一顆良心，但倘若成員皆有良知，那就是一個有良心的組織。」

法律從來不會讓一個人更加公義；人人遵守法律，甚至會天天養出不公不義的幫兇」，並據此大聲疾呼：「身處不當囚禁人民的政府統治底下，正義之士最合宜的歸處也正是監獄。」

梭羅本人做到了。他個人採取的公民不服從行動，宣示了自己的良知，拒絕與漠視不義的社會同流合汙，不讓自己淪為體制的共犯，而且甘願為自己所選擇的違法行為付出代價，入監服刑。初讀《論公民不服從》的時候，金恩認為沒有人比梭羅更加熱情且具有說服力地闡釋「非暴力」對抗不義法律的手段。不過，他對這種個人行動的方式無論在實際效果或神學基礎上，仍有疑慮。

金恩真正系統性接觸到「社會福音」（Social Gospel）神學思想，是在進入克羅澤神學院之後，閱讀華特．饒申布士（Walter Rauschenbusch, 1861-1918）的著作才開始的，也是此時他才認真思索了人類靈魂與社會結構之間的關聯性。作為一種神學運動，社會福音派相當看重記載於《聖經．馬太福音》第五至七章的耶穌的「登山寶訓」，特別是後人理解為「天國八福」的底下這一段教導：

> 虛心的人有福了，因為天國是他們的。
> 哀慟的人有福了，因為他們必得安慰。
> 溫柔的人有福了，因為他們必承受地土。
> 飢渴慕義的人有福了，因為他們必得飽足。

憐恤人的人有福了，因為他們必蒙憐恤。
清新的人有福了，因為他們必得見神。
使人和睦的人有福了，因為他們必稱為神的兒子。
為義受逼迫的人有福了，因為天國是他們的。（《聖經．馬太福音》五章：3－10節）

對社會福音派人士而言，這一段經文所勾勒的並非人死後進入天國才會見到的景象，而是我們應該在人世間建立的上帝國度。

這種「地上天國」的想像提供了社會福音派人士分析與批評現實世界的方向，並讓社會關懷有了奠基於經文證據的神學基礎，與金恩從梅治和凱爾西那邊學到的理念契合。成為饒中布士信徒之後的金恩，也將社會問題指向了罪所帶來的各種人際關係的扭曲，相信唯有恢復人與上帝的關係，並主動與社會的受壓迫者站在一起，積極以行動來改造社會，才能落實福音書的主旨，共同創造一個同時彰顯上帝的愛與公義的國度。

認真思考如何根除社會弊病的金恩，於是開始大量閱讀古典政治思想如柏拉圖、亞里斯多德、霍布斯、盧梭、邊沁、彌爾等人的著作，最後來到了馬克思，不僅深受他對於階級意識與資本主義社會弊病的診斷之啟發，也因此更根本地反思教會對於社會不公不義的消極態度。不過，金恩終究否定了馬克思主義，理由如下：（一）唯物史觀不留上帝的角色與介入空間；（二）為了促進共產主義的目的而不擇手段，違背了道德的絕對性，且具體作為上（三）剝奪了個人的自由，根本就是一種極權主義。

終於，在一次偶然機會裡，金恩從哈佛大學校長強生（Mordecai Johnson, 1891-1976）的一場講道中認識了甘地的生平與思想，然後開始接觸他的書寫。據他自己所言，最受啟發的是「愛的力量」（*Satyagraha*）概念[3]。這是甘地自創的概念，取自梵文「*satya*」（「愛」或「真理」）和「*graha*」（「力量」或「堅持」）兩字的意思，中文常見的翻譯是「真理的力量」、「精神的力量」、「追求真理」等，但金恩的理解主要是「愛的力量」（love-force）。

事實上，本文開頭引文的出處《愛的力量》（Strength to Love）書名正是呼應這概念。它讓金恩重新理解耶穌關於「愛仇敵」的教導。他過去總是以為耶穌的教導僅適用於個人與個人之間，應用在族群之間根本無效，但甘地的成功案例證實了愛的力量，或說以此為基礎的「非暴力」不合作運動，足以讓印度對抗大英帝國[4]。至少是讓金恩確立了「非暴力抗爭」（non-violence

3 http://kingencyclopedia.stanford.edu/primarydocuments/Vol4/1-Sept-1958_MyPilgrimageToNonviolence.pdf

4 Martin Luther King Jr., *Stride toward Freedom* (New York: Harper and Row, 1958), pp.96-96.

resistance）的群眾運動路線——以他的話來說，耶穌的精神指出方向，甘地提供了實踐方法[5]。

三、愛與非暴力作為一種超越交易邏輯的道德高度

當然，金恩的說法本身涉及了對於耶穌教導與甘地思想的詮釋，而他的詮釋其實也鑲嵌在針對「登山寶訓」關於正義與愛的延伸解讀。耶穌在開始論愛仇敵之前先如此說道：

> 你們聽見有話說，「以眼還眼、以牙還牙。」只是我告訴你們，不要與惡人作對，有人打你的右臉，連左臉也轉過來讓他打。（《聖經・馬太福音》五章：38—39節）

耶穌棄絕暴力並翻轉了猶太信仰根深蒂固的正義觀，金恩則接著說：

> 以暴力來達成種族正義既不會成功，也不道德。不會成功，因為暴力是一種螺旋式向下沉淪，遲早毀掉所有人。「以眼還眼」的舊律法會讓每個人都成了瞎子！不道德，因其目的在

5 Ibid., p.85.

於羞辱對手，而非試圖贏得對手的理解；為的是殲滅對方，而不是讓他改變心意。暴力是不道德的，它與盛靠的是仇恨，不是愛[6]。

值得注意的是，金恩在此不僅重申了耶穌對於傳統正義觀的反駁，進一步將「正義」與「愛」做了概念上的連結，並試圖將甘地的「非暴力」理念置於此一基督教神學框架來理解。

首先必須指出的是，甘地本人雖然認真讀過《聖經》且受到耶穌的影響，但他的「*ahimsa*」和「Satyagraha」兩個概念並沒有基督教意涵。前者雖然是「*a*」（沒有）和「*himsa*」（傷害）兩字的結合，但原意是「不害／不去傷害」且在印度教傳統裡也可理解為「不殺生」或「同情」；後者的前半字「satya」如前所述可譯為「愛」或「真理」，原因是在該原生文化脈絡之下，真理就是愛，而愛也就是真理。換言之，甘地思想當中的「愛」與「非暴力」既不帶基督教意涵，也不涉及對於「正義」的理解，實踐上更是帶有一種印度教脈絡下的修行色彩。此外，正因為不同脈絡底下同一個行動有不同意義，甘地採取非暴力作為一種對抗方式，其實有其策略考量。亦即，他知曉如此的行動在西方能產生相當大的道德力量——畢竟，現代西方的正義觀仍不脫「以牙還牙」的理解，對於超越如

6 Coretta Scott King (ed.) ,The Words of Martin Luther King, Jr. (New York: Newmarkert Press, 1983), p.73

此思惟的做法，必然會直接與耶穌的精神聯想在一起，增添敬畏。如此一來，非暴力反而比暴力相向更加有力量。

起初，金恩在甘地的案例中看重的是這種令人生畏的道德力量，且是這種「力量」讓他在神學院的最後一年找到了回應尼布爾（Reinhold Niebuhr, 1892-1971）的方法。尼布爾是美國二十世紀最有社會影響力的神學家，拒斥任何種類的「和平主義」（pacifism），並嚴厲批判社會福音思想。早年曾經對共產主義寄予厚望，幻滅之後深信聖奧古斯丁（St. Augustine, 354-430）的「原罪」論，主張得救只能出現在個人的層次，社會層次的集體救贖不可能。同理，國與國之間也不可能談論道德或正義，唯有權力決定一切，而國家為了自保也必須追求權力，二戰之後成為美國國際關係學界的「現實主義」（Realism）教父。

尼布爾批判社會福音派的理由，首要在於他認為饒申布士等人的主張誤把基督教福音的真諦等同「愛的律法」（the law of love），一來把兩相對立的「愛」與「正義」混為一談，二來低估了人的罪性，也就是根本不可能落實耶穌般的愛。當然，耶穌般的愛此處指的是「聖愛」（agape），是一種徹底無私、願意棄絕一切自利，寧可被釘十字架也不願意對抗惡的精神。帶著原罪的我們，作光作鹽的方式絕不是效仿耶穌。這種想法幾乎是一種屬靈上的僭越。然而，正義卻是可企及的理想。正義是一種承認人的罪性與有限，制定符合自利、互惠的法律並據此管束個人的社會安排。

前文提及，甘地的案例讓金恩理解到耶穌的愛仇敵教導不僅適用於個人與個人之間，也適用於族群與族群之間，同樣的經驗證據也足以反駁尼布爾對於集體層次不能有道德的主張。此外，即使置於尼布爾的現實主義脈絡底下來爭辯，甘地的成功也證實了愛與非暴力作為一種「力量」並不亞於武力。事實上，他的策略不僅對英國人奏效，還震撼了以基督教為文化底蘊的歐美。當然，金恩主張「非暴力抗爭不是為了擊倒或羞辱對手，而是為了贏得他的友誼與理解」，但，即使欲達這目的也不該採取暴力相向的方式，甚至可以說，真正為達目的不擇手段的現實主義者，反而更應該讓自己受苦受難，才是救贖之道！

與此同時，金恩也認為尼布爾誤將耶穌愛仇敵的實踐以及十字架上的犧牲，理解為一種「對惡的消極不抵抗」（nonresistance to evil），但耶穌做的實則如同甘地般採取了「對惡的非暴力抵抗」（nonviolent resistance to evil）。此一誤解與尼布爾更加關鍵的錯誤有關：幾乎不留上帝介入現實政治的空間——誠然，他一方面高估了人類的罪性，一方面則低估了聖愛的能力，兩者加在一起等同排除了人與上帝同工的可能性。

對金恩而言，「聖愛」並非尼布爾所說，不帶原罪才能具備的能力（唯有耶穌能做到），而是「上帝的愛運作於人心」的恩典，當我們願意讓上帝進入心裡掌管自己時即可領受。這種愛神而得以愛鄰人的能力，不僅超越了親情、友情，也超越了那些被人們認為是「正義」的交易邏輯，不管是古代的「以牙還牙」或現代的「利益互惠」。超越這些交易邏輯的聖愛，也將人提升至高於仇敵的境界來看待仇恨與壓迫。這是耶穌的視角！美國的種族不平等問題，金恩正是從這視角來看待：

> 既然白人的人格已經因為隔離政策而受到嚴重的扭曲，靈魂也傷痕累累，他們需要黑人的愛。[7]

四、來不是為了廢除律法和先知，而是要完成

姑且無論甘地對於「愛」的看法是否與基督教相通，具有修護靈魂的力量，金恩的論述之中是肯定的，而且這愛指的是「聖愛」。他在一九五八年的《奔向自由》書中，進一步將這個核心概念釐清如下：（一）聖愛是一種無私的愛，為的不是自己，而是為了讓鄰人得益處；（二）其起心動念是看見別人的需求，如同行善的撒瑪利亞人那樣；（三）也是一種為了使人和好、恢復社群的連結而願意犧牲的精神；（四）並同時認知到，冥冥之中所有人的生命其實都彼此相連，都是同一整體的某個部分，無論人們稱之為「潛意識」、「非人格的婆羅門」（impersonal Brahman）或「具

---

7 Martin Luther King Jr., *Stride toward Freedom* (New York: Harper and Row, 1958), p.105.

有大能與大愛的人格神」，宇宙之中存在這樣一個創生的力量，牽引著存在的一切事物走向大和諧[8]。

據此，對立的白人與黑人兩個群體之間，同樣都犯了錯，雖然各自的錯——嚴格說是「虧欠」，也就是「罪」——並不相同。白人錯在不懂得所有人不論膚色都是神按自己的形象所造，都是上帝的孩子，而他們的種族歧視根本是對於黑人身上所具有的「上帝形象」視而不見，因此虧欠了神的榮耀。同理，受到壓迫的黑人本身也可能虧欠了神的榮耀，因為他們在長期受歧視的歷史當中，忘了自己也是上帝的子民，自己看不起自己。

因此，黑人同胞必須做的第一步是以上帝的眼光看待自己，重新確立，人的價值在於與上帝之間的關係，而不是建立在其他人的眼光之上；是故，金恩在一九五六年四月一場以「我們的奮鬥」（Our Struggle）為題的演講中呼籲：

> 我們黑人必須以自尊替代自憐，以尊嚴替代自我貶抑！[9]

---

8 Ibid., p.104-107。

9 http://okra.stanford.edu/transcription/document_images/Vol03Scans/236_Apr-1956_Our%20Struggle.pdf

金恩明確地告訴黑人同胞，正義不會從天而降，必須自己主動爭取，同時也告訴白人同胞，他們奮鬥是出自於自我覺醒，終於學會以平等來看待自己與白人，且不再仰賴立法者的善意來改變自己的命運。

不仰賴立法者的善意，也就是應當主動出擊。實踐上，這意味著「公民不服從」是一種必要，畢竟，美國南方各州自十九世紀七〇年代起即明文制定了種族隔離法，即使在二十世紀六〇年代仍奉行美國最高法院於一八九六年所確立的「隔離但平等」（separate but equal）種族關係法律原則。金恩這一場演講成了奮鬥方向的宣示，正如同年十二月三日的另一場演講當中，他說：

> 我們必須繼續法律主義，藉由立法來奮鬥。有人聲稱，種族融合僅能藉由教育才可能成功，畢竟道德這種事立法也沒用。……單靠教育或立法都不夠，是應該立法加上教育。……法律不能讓一個人去愛，這是宗教和教育該做的事，但法律可以阻止一個人動用私刑〔處死黑人〕[10]。

10 http://okra.stanford.edu/transcription/document_images/Vol03Scans/451_3-Dec-1956_Facing%20the%20Challenge%20of%20a%20New%20Age.pdf

公民不服從本身是一種透過故意違反特定的法律，來要求改變該法律或其他法律的一種政治抗爭。金恩有他獨到的理解，值得進一步推敲。

此刻必須指出的是，金恩持有一種等級制的律法概念，如同一般憲政國家皆以憲法為最高法律，其他的法律都必須源自憲法，且不得牴觸憲法，否則無效。只不過，他認定的法律位階包括了「上帝律法」的存在，且位階高於憲法。從他一九六三年的《伯明罕監獄來信》（*Letter from Birmingham Jail*）之中，我們可確認他的想法根植於基督教的「自然法」傳統。

基督教自然法傳統可追溯回聖奧古斯丁所言，「不正義的法根本不算法律」（**An unjust law is no law at all**），但最清楚的闡釋者則公認是人稱「天使博士」的聖多瑪斯（Thomas Aquinas），根據他的理解，一切律法可分為：（一）永恆法（eternal law），亦即上帝的存在及其意志本身，包括大自然界的運作所仰賴的上帝旨意，科學家習慣稱之為「自然定律」的一切；（二）神定法（divine law），也就是上帝透過啟示告訴人類的律法，例如《聖經》之中的「十誡」；（三）自然法（natural law），亦即人類可透過上帝賜予的良心與理性——人類「天性」（nature）的最初設定——所推論出的道德規範，是為神恩的一部分；（四）人定法，也就是人類社會按其需求與傳統所制定的法律。

據此思想傳統，不論條文細項為何，一切律法都與上帝的愛有關。創世本身出自於愛，永恆法支撐著人類得以享受神愛的世界之運作。神定法之所以為人所知，乃因上帝憐憫人類理性本身的不足。上帝透過創世與啟示完成了上述兩種法，但人必須因著恩典來追求道德並據此制定法律，而且實際制定出來的法律不得違背道德良知，否則不正義，更不能違背白紙黑字載於《聖經》、不隨時空改變的道德真理。是故，人定法是位階最低的法。

金恩的獄中來信直接援引上面奧古斯丁的話，並以納粹政權的法律為例，解釋了何以政府制定的法律不一定正義；同理，美國的種族隔離法之上亦有不得違背的上帝律法和自然法。不只如此，金恩更進一步主張：

> 任何提升人的價值與人性尊嚴的法，就是正義的法。任何貶低人格的法，都不正義。所有種族隔離的法令都不正義，因為那扭曲了靈魂，且毀了帶有上帝形象的人格。這些法令讓隔離主事者享有一種錯誤的優越感，也讓被隔離的人接受一種錯誤的自卑感[11]。

至此，金恩的使命再清楚不過。他意圖改革美國的憲法與法律，使之彰顯上帝的愛、耶穌的登山寶訓，讓人和解，恢復人與人之間應有的關係。奠基於此的公民不服從，目的是愛，也是正義。過程中的苦難則是「救贖」——其意義如同耶穌所說：「你們不要以為我來是要廢除律法和先知；我來

11 同上。

不是要廢除，而是要完成」。

五、結語：一手拿《聖經》、一手指向《美國憲法》的先知

從一九五五年十二月五日聯合抵制蒙哥馬利公車算起，直到一九六八年四月四日遇刺為止，金恩積極參與公共事務的時間雖然只有十二餘年，卻堪稱二十世紀美國民權運動史上最絢爛的一頁。而他的關懷也從美國南方的種族隔離政策逐步擴展至北方的城市貧困問題，再到全國性的政治與經濟不平等，最後更將視野放大到全球性的貧富差距，以及越戰所涉及的國際性不平等。當然，期間承受了各種難以想像的苦難。事實上，那一次在廚房迫切禱告、將自己完全交託在上帝手上之後，不到三天就有一顆炸彈丟到他家的門廊，所幸無人受傷。但他終究是遇刺身亡。

金恩常說：「不該受的苦是一種救贖（unearned suffering is redemptive）。」但並未進一步釐清這話的意涵。或許，那意味著自己因為受苦而與耶穌的心更貼近，或者因此而彰顯出一個有尊嚴的黑人之樣貌，又或者，唯有承受不該受的苦才能喚醒社會的良知，整個社會因此重獲和解甚至成就了愛與正義。不過，猶記前文提過的「天國八福」，緊接在後的是底下兩節：

> 人若因我辱罵你們，逼迫你們，捏造各樣壞話毀謗你們，你們就有福了。應當歡喜快樂，因為你們在天上的賞賜是大的，在你們以前的先知，人也是這樣逼迫他們。

如果說，看見社會的不義並願意為了改革而受苦甚至犧牲，就是「先知」的標誌，那金恩也當之無愧了，且他在多數人心中的形象也的確如此。

值得一提的是，所謂的「先知」（prophet）並非如同中文字面意思所示，指涉一個提前他人或整個社會知道某件事情即將發生的人。那是預知未來。握有水晶球的算命人士或許也能。但，基督教脈絡底下的先知並非如此。唯有上帝所差遣的人才是先知。當耶穌說他不是來廢除律法與先知的時候，他指的是這一種先知。

神學家凱思琳・凱溫妮（Cathleen Kaveny）指出，金恩堪稱現代以來最傑出的一位耶利米式先知。進一步解釋，耶利米（Jeremiah）是猶大國滅亡之前最黑暗時代的一位先知，多次出現在《舊約聖經》，也被稱為「淚眼先知」，奉上帝的差遣傳道，卻因忠言逆耳而飽受折磨。當代基督教政治神學奠定人約翰・尤達（John Howard Yoder）曾區別「大衛式」（Davidic）與「耶利米式」（Jeremianic）兩種猶太國度的想像：前者是在一塊土地上建國，立國王，後者則持續流浪，上帝耶和華是他們唯一的王[12]。近年來關於十九世紀美國廢奴運動史的研究，許多學者注意到了廢奴倡議者之間共享一種特殊的「政治修辭」類似耶利米的風格，其特色在於使用上帝的話語來進行道德控訴，進行方式不採縝密的邏輯推論，而是指出惡的無所不在，讓人看清楚世界的墮落，並喚醒人們（先祖）曾和上帝立下的聖約（covenant）。凱溫妮認為金恩政治演說正是承襲了此一風格。他最著名的演說《我有一個夢》（*I have a Dream*）無疑是經典之作[13]。

根據凱溫妮的分析，金恩在這一場演說中依序提及（一）過去歷史上的某個神聖約定，（二）具有現實根據的控訴，（三）按照律法來做出最後的結論——實際出場的也就是《美國憲法》，黑人普遍遭受的不平等待遇，以及律法與現實之間的差距[14]。此外，凱溫妮也強調耶利米風格容或不同的表現方式，而金恩特殊之處在於首先以社會整體的成員自居，再以受害族群的身分進行控訴，最後指向一個充滿希望的未來。

就形式與元素而言，上述的分析與前文提過的《伯明罕監獄來信》如出一轍。閱讀金恩的書信或演說稿，我們幾乎閉上眼睛即可看到一位左手拿著《聖經》，右手指向《美國獨立宣言》與《美

---

12 John Howard Yoder, *The Jewish-Christian Schism Revisited* (London: SCM Press, 2003), pp.215-6.

13 Cathleen Kaveny, pp.363-372.

14 http://www.americanrhetoric.com/speeches/mlkihaveadream.htm

國憲法》，嚴厲控訴憲法的承諾與黑人的實際處境之落差。惟，幸運的是，金恩終究不是親眼看見自己國家走向滅亡的耶利米。他流過淚眼，也飽受苦難，但他的演說最後喚醒了無數美國人的良心，讓曾經是新世界清教徒眼中「應許之地」的美國再次走向正軌。

金恩或許不是偉大哲學家或神學家，但正如神學哲學家提摩西．傑克遜（Timothy P. Jackson）所說，他是一位比起哲學家或神學家更能回應時代所需的人。一位等候與神同工，致力於改善社會的先知。

第一章　在大蕭條與種族隔離下誕生：小金恩的童年生活

我如何能愛上一個仇恨我的種族？

——馬丁．路德．金恩

一九二九年一月十五日，即將爆發美國歷史上最大規模大蕭條的那一年年初，一個寒冷而寂靜的星期六早晨，馬丁·路德·金恩（Martin Luther King, Jr.），這個在三十多年後改變美國黑人命運的人，被神差來了這個世界，落腳美利堅合眾國喬治亞州的首府，有「通往南方的門戶」之稱的亞特蘭大市。

小金恩剛出生時，並沒有像其他孩子那般大哭特哭，反而十分安靜，一動也不動，彷彿死胎。要知道，當年的生產死亡率不若今日，仍然非常高，死胎並不罕見。還好接生的醫生一把將小金恩抓了起來，用力地打了幾下屁股，終於他放聲大哭，宣告小金恩來到世上。未來他也將先蟄伏而後大鳴大放，為美國黑人爭取其應有的基本人權，廢除不合理的種族隔離制度，帶領他的黑人弟兄尋求解放，並與原本不諒解的白人弟兄們和解，為美國的合眾於一，修直道路。

剛出生時，父親將小金恩命名為麥可·金恩，直到五歲那年，才將他的名字改成馬丁。小金恩從小身體就非常健康，甚少生病。他形容自己「不知道生病的滋味」，而且無論身體還是精神狀況都有點早熟。

五歲時的小金恩已經開始參加教會。他還清楚地記得受洗那日的情景。一位來自維吉尼亞州的傳教士，在主日早晨的主日學上，講述了關於福音救贖的事情。接著，傳教士問大家是否願意加入教會，小金恩的姊姊第一個站了起來，小金恩是第二個。後來他和姊姊就一同受洗了，儘管當時他還不是十分明白福音的真諦，只是想跟上姊姊的腳步，和姊姊一樣。

小金恩花很多時間在教會，每個星期天都在教會，而他最好的朋友也在教會。教會培養了小金恩與人相處的能力。此後除了大學時曾經一度動搖過信仰，金恩的一生都和教會脫離不了關係。

主日學上所傳授的《聖經》知識，小金恩照單全收。

五歲時，小金恩曾經好奇地詢問父母，為什麼大街上有那麼多人排隊等著買麵包？雖然他還不了解大蕭條的嚴峻，但彷彿已經知道資本主義社會的殘酷。

金恩一家住在奧伯恩大道五〇一號，一棟灰白色的木造樓房，離亞特蘭大市的黑人商業區不遠，是當地中產階級黑人居住的社區。那裡沒有特別貧困但也沒有特別有錢的人，犯罪率極低，且鄰里大多是虔敬的基督徒。至於當地富裕黑人，則住在獵人山。

老金恩牧師（Martin Luther King, Sr.）為人公正耿直，教會的人都叫他「金爸爸」。老金恩經常在教會講堂上宣揚黑人的價值，鼓舞他的黑人弟兄姊妹堅強勇敢，不要被現實環境打倒，不要屈服於白人所設定的制度。這是他一生的信念。

在老金恩的操持下，金恩一家非常和睦，雙親甚至不曾有過口角，一家人在愛的環境中長大，令小金恩養成了健康積極且樂觀的人生態度。

日後金恩博士在自傳中提到：「我想我堅定地尋求平等的決心來自我父親堅強而又富有活力的個性，而我性格中溫和的一面來自溫柔賢淑的母親。」

小金恩的父親老金恩出身貧困佃農家庭，小時候的生活十分窮苦，但身體強健、精力旺盛，這成為他與環境搏鬥的本錢。老金恩出生於喬治亞州斯托克布里奇小鎮（Stockbridge），距離亞特蘭大約莫十八英里。

老金恩曾經看著自己的父親被白人主人羞辱與欺騙，騙走辛苦工作賺得的酬勞。他看破主人手腳，當面揭穿，結果主人大怒，作勢要揍他，他的父親不敢得罪主人，趕忙讓他閉嘴。受人凌虐又無力反抗的事情，日復一日發生，小金恩的祖父無奈絕望之餘，只能靠酒精自我麻痺，並毆打自己的妻子出氣。這樣的生活光景，讓老金恩從小就下定決心要快快長大，好脫離這個環境。

年幼的老金恩還曾經親眼看過一個白人對黑人處以私刑，只因為這個白人覺得那個黑人很傲慢，竟無須經過法律審判便逕自動手殺了黑人。

老金恩在十五歲那年就選擇離家，赤腳徒步走到亞特蘭大。他在心裡暗自下了一個決定，將來一定要打造一幢像僱用父親的主人所擁有的那種好房子。老金恩當過技工助理和火車司機，他白天在工廠努力工作，晚上則在夜校苦讀。

一九二六年的感恩節，老金恩娶了埃比尼澤教會牧師的女兒艾伯特．威廉姆斯（Alberta Christine Williams King）。艾伯特是家中的獨生女，也是一名處事低調、溫柔婉約的女性。金恩形容母親為人真誠，對信仰十分虔誠，說話語調溫和、個性隨和好相處，性格內向但待人誠摯。

艾伯特的父親亞當．丹尼爾．威廉姆斯（Reverend Adam Daniel Williams）是亞特蘭大埃比尼澤教會的牧師，畢業於莫爾豪斯學院（Morehouse College）——一所私立黑人學院。

老金恩的岳父是個不簡單的傑出人物。亞當一向對人權議題感興趣。一九〇六年亞特蘭大爆發種族暴亂事件。暴亂平息後，亞當成了全國有色人種促進會亞特蘭大分會的成員，他曾經參與抵制中傷黑人的白人報紙的抗議活動，這家白人報紙最後因為被抵制而倒閉歇業。亞當還推動在亞特蘭大成立黑人學生就讀的高中。因著亞當的各種傑出成就，日後獲得母校莫爾豪斯學院頒發榮譽博士學位。

婚後，老金恩擔任教會的助理牧師，不久也註冊就讀莫爾豪斯學院，攻讀學院文憑。一九三一年亞當謝世後，老金恩繼承了岳父的教會，成了深受當地社區與教會弟兄姊妹敬重的牧師。

老金恩之所以備受當地黑人與教會敬重，其來有自。當時正值大蕭條的一九三〇年代，許多人都窮得必須勒緊褲帶過日子（即便白人也不例外），亞特蘭大有六成五的黑人接受某種形式的政府救濟，老金恩則以自己的方式展開對黑人弟兄姊妹的照顧。他砸重金重建並擴建教堂，聘用大量勞工，並一口氣將教會人數從數百人的規模增加十倍，成了數千人聚會的大教會。

甚至連當地白人都尊敬老金恩牧師，儘管他們有些不情願，但無論如何，的確沒有白人直接或間接攻擊過老金恩牧師。

除了姊姊克里絲汀（Christine King Farris），小金恩還有一個弟弟阿爾佛雷德・丹尼爾（Alfred Daniel Williams King，人稱A. D.），一家五口人過著簡單但富足的生活。老金恩極力保護自己一手打造的家，決不讓家人受到白人的辱罵與傷害，不讓孩子接觸到黑白種族問題，希望他們能夠無憂無慮地長大。

遺憾的是，現實比理想殘酷。任憑老金恩如何在家中與教會中營造和諧溫暖的氣氛，也無法阻擋小金恩看見現實生活中黑白種族歧視的紛爭——即便他還是根本不甚理解「種族歧視」這個詞彙的小孩。

還好小金恩的父母並沒有試圖掩蓋現實殘酷的鴕鳥心態，而是讓看見殘酷現實卻不知是何道理的小金恩知道何謂正確的價值信念，並且要求他以生命堅持。

即將上小學之前的某一天，小金恩到對街的雜貨店老闆家，找他從三歲起就成為哥們的白人玩伴，沒想到敲了好久的門，始終沒有人來應門。小金恩沒放棄，持續敲門，終於朋友來開門了，但他以一種奇怪的眼神瞧著小金恩，開口說話的語氣也極不尋常，「我的父親不准我再跟你玩了，你以後不要再來找我了。」自顧自地對小金恩說完話之後，他就把門關上了，再也沒有聲息。

小金恩不懂發生了什麼事情，只是感到十分震驚，怎麼昨天還一起玩的夥伴，今天就不能再往來了？他不解地跑回家，問媽媽自己為何不能再去對面的雜貨店找朋友玩了？

小金恩的母親一聽，隨即半跪了下來，緊緊抱著他。她知道，告訴小金恩真相的時刻到來了，說這些話也許會讓他難受，但還是得對他說。

她雙手捧著小金恩的臉，認真而嚴肅地對他說：「因為你是黑人，而你的朋友是白人。」小金恩不解，為何黑人不能跟白人一起玩？小金恩的媽媽了解他的困惑，卻不想對他多解釋，他還無力了解更複雜而巨大的現實。她只是更加摟緊他，對他說：

「記住，不要讓任何事情影響你，不要讓任何事情使你感覺自己比白人差。不要讓白人看不起你，就算白人看不起你，也要不卑不亢地回應，不能動怒或生氣。就算別人用膚色歧視你、欺負你、嘲笑你，你也要記住，你絕對不比任何人差，絕對沒有低人一等。你是這個世界上最寶貴的寶石，絕對不可以認為自己比不上別人。你是神的寶貝，無論其他人怎麼說。」

小金恩其實不懂母親所說的話，他只是約略知道，當自己到了某個年紀，必須進學校讀書之後，黑人小孩跟白人小孩就不能在一起玩了，因為黑人小孩也不會跟白人小孩一起讀書。黑人和白人必須被分成兩個群體，兩個不一樣的群體，而他是黑人，他的朋友是白人。

當天晚上用餐時，老金恩對孩子們詳細說明了美國黑人的歷史，讓孩子們知道黑人在這個國家所承受的屈辱與不平等待遇。

日後金恩博士在自己的傳記中提到，當他了解了黑人所承受的歷史屈辱後，他內心原本決定要憎恨所有白人。雖然父母一再告誡他，不該仇恨白人，作為基督徒應該去愛他們，可是金恩不解，「自己要如何去愛一個仇恨我的種族，而這些人破壞了我和童年時代最好朋友的情誼？」

隨著小金恩逐漸長大，活動範圍不再侷限於住家和鄰居，而是擴及社區與市區、學校、餐廳、電影院等各種地方之後，他發現了一件事情：像他這樣的有色人種，必須去專屬的餐廳、電影院或學校，不能和白人一起，也不能去白人去的餐廳、電影院或學校。

搭乘公車時，黑人只能坐在後排，即便前排還有空位。然而，有時候連車都不許上，如果車上都是白人。

到市區購物時，永遠白人優先，而且黑人常常會無故被警察攔下來盤查臨檢，即便老金恩是教會牧師，算是受當地敬重的知名人物，也還是會碰到白人警察或民眾的刁難。

有一次，小金恩跟母親一起到百貨公司，他看見一臺電梯，很興奮地想要搭乘，卻被母親阻止，小金恩不解，母親對他說：「那是給白人搭乘的電梯，我們得搭另外的電梯。」

八歲時，有一次小金恩和母親一起逛街，不小心踩到一位白人婦女的腳，對方馬上大聲尖叫，四處嚷嚷著跟大家說她的腳被可怕的小黑鬼踩到了，還順勢給了小金恩一個大耳光。

小金恩還曾經因為誤坐了百貨公司的白人座位而被店員斥責、驅趕，令他十分難過。老金恩甚至氣得帶著小金恩走人，連鞋子都沒買成。老金恩邊走邊對小金恩說：「無論我得忍受多久，我絕對不會屈服於種族隔離制度的脅迫。」

年紀越大，小金恩越能感受到生活中充滿各種不平等與黑白隔離措施，他感覺益發不自在且莫名痛苦，感受到自己在亞特蘭大市的地位不如白人。雖然不知道為什麼自己得承受不一樣的對待，只因為自己的皮膚是黑色的；但現實就是如此，各種壓力與管教迫使他屈服。

一九三〇年代的美國南方，黑人在種族隔離政策法律的約束與管教下，受盡屈辱地苟且偷生。根據當時的種族隔離法令（又稱《吉姆．克勞法》，吉姆．克勞是個虛構人物，娛樂界的白人創造的卡通人物，通常塗黑臉，以誇張的南方語言表演歌唱跳舞），黑人只能搭乘巴士或電車的特別區，而且特別區也得讓白人優先。火車站區分成白人與黑人候車室，公共洗手間區分成黑人與白人使用，公園與游泳池只准白人進入，高級餐廳根本不招待黑人，一般餐廳黑人也只能入座特別區，吧檯區絕對不能坐。黑人買東西要使用專屬櫃檯或窗口結帳，黑人只能使用紙杯，玻璃或金屬容器只有白人才能使用。

若有黑人家庭想要自己駕車旅行，旅程必須沿途都有自己的親屬或朋友願意接待，因為沒有任何旅館會接待黑人家庭，公路上也少有接待黑人的餐廳。

美洲大陸原本沒有黑人，黑人是被歐洲移民美洲的白人以奴隸的方式帶到美洲大陸，當初是為了作為南方農場的奴工而在非洲大肆抓捕或收購黑人。

雖然林肯總統於南北戰爭後的一八六三年，簽署了《解放黑奴宣言》（The Emancipation Proclamation），歸還了黑人的人身自由，賦予黑人平等權利。然而，實際上南方因為內戰的蹂躪而生活艱難。黑人尤其辛苦，因為貧困的出身和受教育程度太低，根本難以自謀生計，仍須仰賴白人提供工作。當聯邦軍退出南方州之後，《解放黑奴宣言》頓失法律效力，南方白人自行頒布了另一套法令。

一八九六年，美國最高法院作出「普萊西訴弗格森案」（Plessy vs. Ferguson）判決，建構了一套他們自稱「隔離但平等」的法令，維護了種族隔離的合法性。自此南方各州出現種族隔離制度，社會生活空間全面施行，甚至連拯救人命的醫院也不例外。

小金恩的父母當然深知種族隔離法令之惡，也經常受到白人欺壓，不過有一點他們絕對不妥協──絕對不讓孩子搭乘大眾運輸工具，也還好身為牧師的老金恩收入還算不錯，在亞特蘭大是難得一見的黑人中產階級家庭，可以擁有私家車，不用讓孩子每天承受大眾運輸系統上最直接的種族歧視傷害。

老金恩之所以拒乘公車，是由於他在年輕時曾看見一輛公車上的黑人乘客受到野蠻無禮的攻擊，自那時起，他便自發性地拒絕搭乘公車。

童年時期的小金恩非常活潑愛玩，充滿好奇心，很愛追問各種問題的答案。他的好奇心與求知欲為他的學習奠定了良好的基礎，五歲左右，他就能引述《聖經》經文、背誦《聖經》與詩歌。

不過，他也曾因貪玩而發生過一件讓他覺得遺憾的不幸事件。某天他聽說市中心有一場大型遊行活動，沒有告訴家中任何一個人就偷偷跑去玩。沒想到祖母卻在他偷溜出去玩的時候心臟病發，在醫院病逝。當他趕到醫院時，奶奶已經離開人世，為此他感到懊悔不已，覺得是自己害死奶奶，甚至沒有辦法見上奶奶最後一面。

老金恩寬慰他：「上帝有祂自己的計畫，沒有人可以改變或干涉祂選擇以何種方式和時間召喚人們回去。」讓他不要太過苛責自己，把悲痛與自責交給上帝。當時的小金恩當然聽不進去，但長大後的金恩懂了，這段話成為他數次與死神擦身而過時的最大安慰。讓他總能平靜地面對來自各方的攻擊與挑釁。

第二章 熱愛閱讀，立志成為牧師

青少年時期的金恩

我將宣教視為雙重過程。一方面，我必須努力改變個人的靈魂，從而改變他們的社會；另一方面，我必須努力改變社會，從而使個人的靈魂得以改變。

——馬丁・路德・金恩

金恩從很早的時候就開始對閱讀充滿熱忱。他最喜歡講述黑人歷史的作品，像是創建第一所黑人大學的布克·華盛頓（Booker Taliaferro Washington）的傳記、黑人演說家佛雷德里克·道格拉斯（Frederick Douglass），還有為黑人的自由解放而戰的哈瑞特·塔普曼（Harriet Tubman），這些人的故事都是金恩的心頭好。

熱愛閱讀的金恩，透過書籍文字認識了自己身處的世界，了解黑人生存狀況，以及所遭受的非人待遇。他進而不斷思索，自己的未來到底該何去何從？是否能夠為改善黑人生活或命運盡一份心力？

由於熱愛閱讀，金恩在學校的成績也總是名列前茅，甚至超越大自己一歲的姐姐克里絲汀。他從亞特蘭大小學畢業之後，就進入了布克·華盛頓中學就讀。中學時期的金恩依舊活潑好動，交了不少朋友，但他越來越潛心於學習，成績始終名列前茅。

除了熱愛閱讀，金恩的口條也特別優秀。他說話很有條理，且不因為年紀小而膽怯。也許是因為出身教會又是牧師之子，長年看著父親在講臺上講道說話，不知不覺耳濡目染。

十四歲時，在學校老師的鼓勵之下，金恩參加了都柏林舉辦的演講比賽，講題竟是十分成熟的《黑人與憲法》，深入探究黑人在號稱民主的文明國家所承受的不公平待遇，指出民主國家應該照顧人民，讓所有人都能受益的制度才是平等，而不是某一些人比另外一些人享有更多權利。

倘若許多人生活於無知之中，我們就不會擁有開明的民主。

倘若十分之一的人口營養不良、身患疾病（疾病可不會挑膚色），且遵從《吉姆・克勞法》，我們就不會成為健康強壯的國家。

倘若一部分人民被壓榨、欺凌，甚至被迫犯罪，站在社會的對立面，我們就不可能擁有一個秩序健全的國家。

倘若我們藐視耶穌的教導：愛兄弟且愛人如己，我們就不配稱為真正的基督徒。

倘若一大群人貧困潦倒，我們就不是真正的繁榮昌盛。

因此當我們嚴陣以待，保衛民主不受國外攻擊時，也應關注國內賦予國民的公平與自由的狀況。

今天有一千三百萬黑人，繼續為了《美國憲法》十三、十四、十五條修正案而抗爭，我們相信，如果自由對一個人有好處，那麼自由便對所有人都有好處。

以刀劍征服南方是一回事，但征服南方的仇恨是另外一回事，倘若黑人被賦予公民權，將會時刻警惕，甚至用自己的軀體保護聯邦自由免於遭受敵人背叛與毀滅。

精湛的演說與扎實的內容，讓金恩拿下了二等獎，表現十分優異。

然而，現實的殘酷往往無情地嘲諷著理想主義者。比賽結束後的回程公車上，金恩和老師布雷德利夫人碰上了白人當眾命令黑人起身讓位的事情。老金恩不讓孩子們搭公車，就是想避免讓孩子們直接面對種族隔離制度的殘酷；但孩子是會長大的，總有父母照顧不到、得自己搭乘公車的時刻。雖然金恩不想讓座，但「法律」規定，在大眾運輸系統上，當白人需要座位時，黑人必須讓座，最後金恩被迫讓座，因為他不想讓帶自己參加比賽的老師為難，布雷德利夫人表示黑人應該遵守法律。

金恩在公車上站了九十分鐘才抵達亞特蘭大，那晚的屈辱令他終身難忘，那是他人生最憤怒的一刻。他緊緊記住這份羞辱，並暗自下了決心，將來一定要改變這個扭曲而錯誤的法令，協助黑人弟兄從不平等待遇中解放出來。

日後的金恩博士，了解白人的傷害與壓迫來自制度保障造成的歧視，故而他十分痛恨種族隔離政策以及伴隨著此一制度性歧視而來的欺壓與暴力。連警察都能肆無忌憚地凌虐無辜的黑人而不以為意，更別說3K黨了，他們的惡行簡直是罄竹難書。

然而金恩十分清楚，白人其實也是種族隔離制度的另類受害者，黑人必須寬恕傷害自己的白人，在這個制度瓦解之後，雙方才能握手言和，在同一個社會中繼續共存。

只不過，當年的金恩是個年輕氣盛的少年，他對自己所承受的不平等待遇感到羞辱且氣憤難耐，完全無法寬恕白人對自己所做的事情。即便他知道《聖經》上教導基督徒應該愛仇敵，且愛人如己，卻是無論如何都做不到，心裡充滿著愁苦與悲憤。

直到某一天，老金恩得知小金恩的心情後，對他說：「黑人面對白人得秉持著既愛白人又與之對抗的心情，要能讓白人懂得自己的錯誤並且衷心懺悔，才可能真的改變這一切。」

還好金恩碰到的白人並非都是找他麻煩的人。為了籌措上大學的學費，升大學的那年暑假，金恩找到一份菸草農場的打工。這座菸草農場坐落於康乃狄克州的錫姆斯伯里（Simsbury），屬於沒有種族隔離法案制約的北方州，日常生活不須奉行黑白種族隔離制度，黑人與白人可以一起搭車、吃飯、上廁所，也沒有只對白人開放的特殊空間。

農場主人雖然是白人，但卻很照顧金恩，金恩也第一次在教會裡交到白人朋友，還擔任教會小組領袖，為當地教會一百零七位男孩講解《聖經》，甚至能上當地最高級的餐廳吃飯而不會被拒絕。和這些白人生活的過程中，讓金恩體悟到黑人與白人可以和諧共處。問題不在於膚色，而是錯誤的法律制度。並且，仇恨無法解決問題，只有愛與寬恕之道，才能瓦解人與人之間的紛爭與彼此傷害。在和解之日到來之前，黑人必須既愛著白人又與之所造成的不公義相對抗。

一九四四年，年僅十五歲的金恩，參加因為二次大戰而開辦的提早入學考試。他順利通過了大學考試，連跳兩個年級，提早進入亞特蘭大的莫爾豪斯學院就讀。

關心種族議題和社會公義的金恩，在學生時代就讀了梭羅的《論公民不服從》。金恩在書中看見了梭羅寧願入獄，也不願意繳納人頭稅，因為他反對奴隸制度與墨西哥戰爭。金恩說：「我首次接觸到非暴力抵抗的理論，深深迷上了這套拒絕與罪惡體制合作的觀點，深受感動。」他把《論公民不服從》讀了好幾遍。

金恩深信「不與罪惡合作」和「與良善合作」同樣重要，都是基督徒的道德責任。從梭羅的書中，金恩領略了獨特的非暴力抗爭方式，找到了破除種族隔離制度的方法。他深信梭羅的信念，認為必須抵制邪惡，不能與邪惡合作，富有道德正義感的人絕對不能麻痺無感地接受不公義的事情。

雖然大學時代的金恩十分喜歡音樂、跳舞，也熱衷於和異性來往，就像一個普通的大學生。不過，關心黑人問題的他，一進學校就加入了落實種族平等的組織，學習各種知識與實踐方法，且受學院裡自由討論風氣的影響，在學校與許多同學好友一起討論當時的社會問題，經常一聊就聊到天亮。而金恩也逐漸在各種討論與課程中，釐清自己對於種族隔離政策的態度，他認為這套將人以膚色分類的法律是錯誤的，必須被廢除。

大學時期的金恩原本想成為律師或醫生，並不想繼承家業；雖然父親老金恩希望他能夠像自己和自己的岳父一樣，成為一名牧師。

金恩覺得自己雖然在教會長大，也還算熟悉《聖經》，卻仍然無法體會《聖經》中的各種教導，對教會的《聖經》詮釋感到疑惑。他更關心公共議題，所以應該成為律師，而非牧師。他認為只有成為律師，才能協助黑人同胞打破種族隔離政策，讓南方州的黑人在美國獲得平等待遇。

大學前兩年的生活，金恩成為懷疑論者，開始對《聖經》的教導和他所學習的科學知識之間的關聯性感到疑惑。他看清了主日學和大學所學的差異，開始質疑自己從小到大所相信的神。

直到他在學期間受到校長班傑明．梅治教授，以及專攻哲學與宗教的神學家喬治．凱西爾教授的影響，認識了社會福音的理念，重新認識了《聖經》，才為自己的困惑找到了解答。原來福音也可以用來改變社會，教會不只能提供受壓迫者安慰，還能透過社會與政治行動反抗壓迫，改善黑人的生活與地位。大三之後，金恩又重新回歸信仰，並萌生成為牧師的心志，了解上帝放在他身上的責任。他從兩位學者身上學到，唯有透過教育與知識，才能喚醒社會大眾對公義與平等的重視，才能幫助黑人認清現實光景，並協助黑人獲得真正的自由。

金恩決定獻身，他告訴父親，自己想成為牧師。

決定獻身之後，父親給了他一個考驗，讓他在教會講臺上講道。年僅十七歲的金恩，第一次登上教會講臺，在埃比尼澤教會宣講神的話語。那個星期天早晨，會眾擠滿了禮拜堂，以致聚會必須換到大教堂才能開始。金恩當天的講道十分成功，獲得不少正面回響。

一九四七年，年滿十八歲的金恩受命為副牧師，父親讓他放假時就在教會工作，預習將來的牧師之路。

第三章 進入克羅澤神學院，邂逅一生摯愛

我有一位能夠理解我的妻子，她總是比我堅強、忍耐和鎮定。在我身邊有一位忠誠、富有奉獻精神與耐心的夥伴。如果沒有她，我肯定無法承受這場運動帶來的考驗和壓力。

——馬丁・路德・金恩

一九四八年六月，十九歲的金恩從莫爾豪斯學院畢業，取得社會學學士學位。同年九月十四日，金恩進入賓夕法尼亞州的克羅澤神學院（Crozer Theological Seminary）就讀。

克羅澤神學院是黑人與白人混讀的學校，不過，金恩入學時，學校裡只有五名黑人學生。學院離家甚遠，無法通勤，必須住宿，是金恩第一次住在遠離父親影響，且得以和白人混居生活的地方。

金恩了解白人對黑人有許多刻板印象，像是認為黑人不守時，總愛大聲喧譁、大聲笑鬧，又骯髒、不愛乾淨等。為了破除錯誤的刻板印象，不讓白人瞧不起，金恩總是穿著乾淨的襯衫，認真讀書，保持良好的形象。

進入克羅澤神學院的金恩，十分認真學習，大量閱讀各種學術領域的作品，從柏拉圖、亞里斯多德，到盧梭、霍布斯、邊沁等人的著作，絲毫都不放過；另外也研讀華特・饒申布士的《基督教與社會危機》（*Christianity and the Social Crisis*），認真思索消除社會性罪惡的學術理論與實踐方案。

從此金恩相信，一個宣稱關心靈魂的信仰，如果不關心人的生活光景，對其落入貧窮苦難者的社會狀況毫不在乎，這些信仰都是行將就木的宗教，遲早會湮沒於歲月之中。

金恩抱持著這樣的信念：「宣教則是一種雙向進程，一方面努力改變人的靈魂，從而改變其所處的社會。另一方面，我必須致力於改變社會，從而使個體的靈魂得以改變。我必須關切失業、貧民窟和經濟弱勢的問題，我是社會福音的積極倡導者。」

金恩也與許多白人同學建立了情誼，不過只限於北方州長大的白人同學；南方州長大的白人，即便是基督徒，即便進入神學院就讀，即便將來要從事神職，都仍免不了對黑人的歧視。

曾經有一次，金恩在一位白人同學的宿舍聊天時，被另外一個白人同學吉姆強硬地趕了出去，因為吉姆認為黑人待在他的房裡會弄髒房間。金恩並未因此而動怒，他以實際行動化解了吉姆的憤恨，日後也跟吉姆成為好朋友。

雖然金恩讀了很多書，卻發現這些書幾乎都是站在白人的角度，從白人的世界觀來寫的。他需要站在黑人的角度、從黑人的立場和世界觀所寫的書，來增進自己對世界的了解。就在這個時候，他聽到了甘地的不合作運動思想。那是哈佛校長莫德凱．強生在布道會中的演講，金恩聽到校長說起自己的印度旅遊經驗，以及甘地的不合作運動。

聚會結束後，金恩隨即跑到書店，買了六本關於甘地生平的著作回宿舍猛讀。他認真研讀甘地的非暴力抵抗思想，認真思考將甘地的非暴力抵抗思想用於黑人運動的可能性。讀過甘地的生平傳記之後，金恩深受其非暴力抵抗的主張所感動——甘地並不是帶領人民以武器對抗英國殖民政府，而是以消極的不合作主義抵制英國殖民政府的統治合法性。甘地曾經說：「要獲得自由就得要流血，只是必須流我們自己的血。」

甘地主張以善治暴，強調真理的力量不與邪惡合作。必要時公然違背某些不合理的惡法，接受法律制裁，當個良心犯，去凸顯統治集團所制定之法律的不合理，以喚醒人民的意志，啟發人民的靈魂。以愛去改變敵人，不要和敵人一樣使用武力，不要強化仇恨循環，要以愛止恨。甘地相信當印度人擺脫英國的殖民統治時，不但能獲得自由，還能贏得尊敬。

金恩在甘地的不合作運動中，看見耶穌基督「愛你的仇敵的教導」之具體實踐，他認為甘地的理念是人類史上第一個將耶穌的教導擴張為對抗暴政的社會力量。愛不再只是個人層次的救贖，也是集體層次的抗暴工具。靠著以愛為根基的不合作運動、非暴力抗爭，人類可能以和平方式達成社會集體變革的目的。這是劃時代的社會改革方式，遠勝於他過往所閱讀的邊沁、馬克思、霍布斯、盧梭和尼采。

金恩在甘地的非暴力抵抗哲學中與耶穌相遇，也找到他日後領導對抗種族隔離政策的戰鬥工具。他發現甘地所倡導的愛，正是《聖經》中的 *agape*（聖愛，無條件的大愛），就是耶穌所說的「愛你的仇敵」。他相信仇恨與武裝對抗無法化解黑白種族之間的紛爭，非暴力抗爭才可以。

一九四七年，金恩還在莫爾豪斯攻讀學位之際，印度在甘地的帶領下，以和平的不合作、非暴力對抗方式，結合廣大印度貧苦人民的力量，成功拒絕了擁有優越科技和武器優勢的大英帝國統治，成為獨立的民族國家。

一九五一年，金恩以優異的成績從克羅澤神學院畢業，還獲得最優秀學生才能獲頒的普拉科夫獎，並得到路易斯．克羅澤獎學金一千兩百美元。拿到這筆獎學金的畢業生可以任選大學，繼續攻讀學位。

老金恩為了慶祝金恩畢業，幫他買了一輛全新的雪佛蘭汽車，並希望他回教會擔任牧師。但金恩告訴父親，他拿到獎學金，希望進入以進步神學和人格主義哲學聞名的波士頓大學神學研究所，繼續攻讀博士。

金恩白天在波士頓大學讀書，晚上則開車到哈佛大學旁聽哲學與神學課程，課餘之際便和同儕友人討論各種思想，他所居住的公寓成了黑人學生聚會的場所，各種思想理念時常在房間裡頭激辯著。

攻讀博士時，金恩繼續研讀各種哲學思想，不斷擴張深化自己的思想體系，尋思解決黑人問題的方法。最後金恩總結出自己的積極性社會哲學思想，此一思想的主要宗旨，在於堅信非暴力抗爭是受壓迫者追求社會公義最有力的武器。此外，金恩已經下定決心，等待時機成熟，將積極組織非暴力抗爭活動。

攻讀博士階段的另外一件大事，是金恩透過一位女性友人瑪麗．鮑威爾的介紹，認識了正在新英格蘭音樂學院攻讀聲樂的柯瑞塔．史考特（Coretta Scott）。她是來自阿拉巴馬州里恩鎮的女孩，生於一九二七年四月二十七日，畢業於安蒂奧克學院，柯瑞塔也是靠著獎學金才能到俄亥俄州的安蒂奧克學院就讀，並靠著校園工讀賺取生活費。柯瑞塔原本的人生夢想是以音樂維生，能夠到全國各地舉行巡迴音樂會。

一九五二年一月，簡短地通過電話後，兩人相約見面。金恩對溫柔的柯瑞塔一見傾心，相信她就是神為他預備的配偶。

柯瑞塔一開始覺得與金恩的相遇和自己的人生規劃不同，她無意成為牧師的妻子，朋友也勸她不要和準備當牧師的金恩在一起。不過她最後還是被金恩的人格特質吸引，深深為這個可以暢談甘地、梭羅與黑格爾，又能風趣幽默地閒談聊天，且對生命中的一切都充滿熱情的年輕人著迷。兩個人越走越近，最終成為彼此的人生伴侶。

一九五三年六月十八日，兩人在柯瑞塔的老家舉行了結婚典禮。有趣的是，兩人的新婚之夜是在史考特家一位經營殯儀館的朋友家度過的。金恩很愛拿此開玩笑，逢人便說自己的蜜月是在殯儀館度過。婚後兩人回到波士頓，金恩開始加緊腳步完成學位論文，柯瑞塔則一肩扛起家務工作。

柯瑞塔對於成為牧師娘毫無浪漫想像，也知道從此自己的音樂是為了教會服事。日後更一肩扛起家庭照顧與養育子女的責任，好讓金恩得以無後顧之憂地完成他的人生意向：解決南方黑人弟兄每天所面臨的不公平遭遇。

過沒多久，金恩成為阿拉巴馬州蒙哥馬利市的德克斯特大街浸禮會教會的牧師。

德克斯特大街教會建成於南北戰爭後的重建時期，坐落於廣場州議會的對面，屬於剛從奴隸狀態解放出來的黑人，最重要的公共生活空間之一。

教會的成員主要是當地中產階級黑人。教會長久以來的傳統，則是聘用聰明且教育程度良好的牧師。金恩雖然年輕，但是學歷漂亮，家世也不錯，讓人感覺值得期待。

早先，金恩曾經接受邀請造訪該教會，進行一次布道工作，講題是「成就完美人生的三個面向」。金恩指出人生可以從長度、寬度與高度三大面向來看。長度指自己朝著人生目標邁進的程度，寬度指對他人幸福的關心程度，高度則是指人向著神努力看齊的程度。這場演講大獲好評，一個月後，金恩便收到教會的任用通知。

曾經金恩也猶豫過是否選擇前往開放的紐約擔任牧師，或者進入大學任教？然而最後他還是選擇了最艱困的環境，前往南方的教會。

碰到難以抉擇的事情時，金恩總會在禱告中一再提醒自己：「將馬丁．路德．金恩放在背景中，將上帝放在前景中，一切都會順利。」自己只是傳福音的渠道，而非源頭。

為何習慣了北方州自由的金恩，要帶著習慣了北方生活的妻子，搬到南方的阿拉巴馬州，而且是種族歧視特別嚴重的蒙哥馬利市？

蒙哥馬利市是南北戰爭期間，南部邦聯的首府，是種族歧視最深且種族隔離政策實施得最徹底的地方。在蒙哥馬利，黑人隨時有可能被強暴或謀殺，犯案者完全不會被拘捕，或雖然遭到拘捕也極少會被判刑定罪。

金恩認為那是他的道德責任，南方是他的故鄉。儘管不如人意，存在許多問題，但是那裡的黑人弟兄需要他，他無法放下受種族隔離政策傷害的黑人弟兄不顧，當個只顧自己人生前途的事不關己的觀望者。他必須親赴南方現場，在那裡見證改變的發生。

> 我們必須給我們這一代一個答案，德克斯特教會必須帶領頹廢的一代進到平安和救贖的高山之巔，必須讓瀕臨絕望的人們看見生命的新意義。
>
> 我乞求上帝在這迫切的使命中，給我帶領德克斯特教會的力量。
>
> 我就像阿摩司，感受到耶和華發命，誰能不發預言？
>
> 我就像耶穌，感到主的靈在我身上，因為祂用膏膏我，叫我傳福音給貧窮的人，差遣我報告：被擄的得釋放，瞎眼的得看見，叫那受壓制的得自由！

第四章　前往蒙哥馬利，與哀傷的人同哀傷

這不是黑人與白人之間的衝突，這是正義與不正義的衝突。

——馬丁・路德・金恩

一九五四年十月三十一日，金恩正式接下德克斯特大街教會的牧師工作，老金恩當天也來到現場觀禮，另外還有一百多名會友共襄盛舉，場面溫馨而肅穆。

擔任牧師的金恩一家，入住教會提供的房子，一棟坐落於黑人區的大街上，有著前廊的純白色宅邸，距離教會只有幾條街遠，方便金恩服事工作。

金恩為了兼顧服事與博士論文，替自己訂下了極為嚴格的工作計畫。每天早上五點半起床，煮咖啡、刮鬍子、刷牙、洗臉之後，開始讀書。早晨的三小時屬於博士論文。九點鐘之後，他會出現在教會，與弟兄姊妹交流、分享、禱告或開會、處理教會事務。晚上結束教會行程後，再寫上三個小時論文才就寢。

每週有兩天的時間，金恩用來準備主日崇拜的講道。他非常重視講道，花很多時間準備布道詞，且逐漸開發出專屬於自己的一套講道技巧，既能讓聽眾放鬆又能凝聚情緒，並能夠聆聽信仰內容。好比說，他在展開主要內容之前，總是會先做適時的停頓，和會眾形成一種一問一答、來回互動的良好氣氛。

金恩發展出來的高超講道技巧，富有節奏感與律動性的演講，成了他日後壯大教會的能量，也是他擔任民權領袖的重要武器，他屢屢公開對外演講，總能鼓舞人心，激勵人們加入抗議運動。

金恩的服事有一個特點，他從來不會高舉自己或將任何成就歸於自己，而是讓弟兄姊妹從他的服事與講道中看見自己的重要性，從而挺身而出。

關心社會福音的金恩，在教會建立了「社會政治行動委員會」（Social and Political Action Committee）。這個部門專門照顧貧病窮苦之人，鼓勵獎助有能力的年輕人，幫助弟兄姊妹了解當前有色人種在美國的地位與光景。金恩知道，唯有協助人們了解並解決生存問題，減少社會問題，才能夠讓更多人接受福音、認識上帝。

這對當時的中產階級黑人教會來說是很大的創舉與挑戰。福音派教會的特色是關心屬靈生活，將信仰個人化，保留在私人生活領域，避免接觸公共議題。而且中產階級為了保護自己的地位和事業，比較容易對某些社會或政治問題視而不見，反正自己的地位和能力已足夠幫助自己免於諸多社會問題的干擾。

因此，在當時的黑人教會裡也出現了階級分化問題。中產階級黑人對自己的生活感到滿意，中下階級或貧苦黑人則對自己的生存光景感到自卑，也不覺得有能力改變。大家各過各的，各行其是，彼此並不團結，更沒有一起面對黑人共同問題的意識。

除了金恩主持的教會與拉爾夫・阿伯內西（Ralph D. Abernathy）主持的第一浸信會，當地其他的黑人教會也全都忽視社會問題，只呼籲弟兄姊妹專心仰望耶穌，還有天國來世的盼望，忘掉此世的世俗苦難。

拉爾夫和金恩一樣關心黑人問題，特別是種族隔離政策造成的不公義，兩人很快就成了莫逆之交，兩家人也隨即成為好朋友。

一九五五年春天，金恩完成了博士學位論文《保羅·田立克與尼爾森·威曼思想中關於上帝概念的比較》，並順利通過口試。同年六月五日，他取得神學博士學位，成為馬丁·路德·金恩博士，這是當時黑人家庭中少有的傑出成就，即便在六十年後的今天，依然是了不起的成就。

同年十一月，金恩家迎來了第一個孩子尤蘭達（Yolanda），這是金恩家四個孩子裡的長女。

然而，金恩沒有太多時間沉浸在孩子出生的喜悅裡，再過一個月，日後人稱「蒙哥馬利奇蹟」的黑人拒乘公車運動，即將引爆！

第五章　蒙哥馬利奇蹟，黑人拒乘公車運動開始

天父上帝，我希望我們在爭取蒙哥馬利的自由時，沒有人因此丟失性命。我自然不想死，但如果非得要有人死，請取走我的性命。

——馬丁・路德・金恩

一九五五年十二月一日星期四，聖誕月開始之際，發生了日後將震撼全世界的蒙哥馬利奇蹟。萌發奇蹟的信心種子，最後開出參天大樹，破除種族藩籬。

在蒙哥馬利的一家百貨公司擔任裁縫助理的黑人羅莎・帕克斯，在工作了一天後，拖著疲憊身軀搭上公車，繳付了車資，挑了一個還算符合種族隔離制度的中間座位坐下，並將隨身物品放在雙腿上，準備休息一會兒，等公車到站之後繼續晚上的行程。

經過了幾站之後，上車的乘客越來越多，把座位全都坐滿了。此時，有個白人上了車，於是司機開口要求羅莎讓座。不知道那天是因為羅莎特別累，還是什麼不知名的原因，總之，羅莎拒絕了司機的要求，她不打算離開她的座位，堅持繼續坐著。

公車司機只好停車，打電話叫了警察。巡警很快地趕到，逮捕了羅莎，製作了筆錄。其實羅莎並非第一個拒絕讓座的黑人，光是一九五五年就有三個蒙哥馬利的黑人拒絕讓座被捕，甚至有人被控妨礙治安。

不過這次白人踢到鐵板了。羅莎除了是百貨公司裁縫助理，也是「美國有色人種促進協會」（National Association for the Advancement of Colored People，簡稱NAACP）的祕書。當時，羅莎打電話到NAACP要求機構裡的律師尼克森前來支付保釋金。贖回羅莎後，尼克森欣喜若狂，他終於等到有人對黑人提出違反種族隔離制度的控訴，他終於有機會藉此案件將種族隔離法案告到美國最高法院去，而他也有把握這樣一個不該被繼續執行的惡法，將會在美國最高法院被宣告違憲，進而達到廢除法案的目的。

許多人對於法治的觀念比較簡單，相信國家制定的法律，遵守國家制定的法律，卻不問也不懷疑國家制定的法律到底對不對？也許是沒有法學方面的知識難以斷定對錯，但更多的是我們習於相信統治者制定的法律不可能故意為難人民而使得惡法不被發現或糾正。

實際上，國家制定的法令不合時宜者有之，甚至不該被制定的惡法也不少，種族隔離法案就是其中之一。有過種族隔離法案的國家還不只美國，南非也曾經有過。

當天晚上，尼克森律師開始聯絡蒙哥馬利各界的黑人領袖，他把自己的意圖告訴了所有黑人領袖，並請求眾人支持。金恩接到聯絡通知時，已經是隔天早上了。

由於羅莎向來受到黑人社區的敬重並廣為眾人所熟悉，當得知她承受不公平待遇時，黑人們迅速地聚集並為了她的事情奔走，沒有人喊苦。

尼克森向眾人建議：「也許這次我們可以發起罷乘公車運動。」當時的黑人很仰賴大眾運輸系統移動。反過來說，大眾運輸業者百分之七十的乘客是黑人。如果你是主要顧客群體，照理說應該得到良好對待，但黑人卻在種族隔離法案的陰影裡，成了制度性歧視之下的多數弱勢——身為多數，卻是無法被保障權利的弱勢。

拒乘公車運動的主意很快地在黑人社區裡蔓延開來。羅莎被捕事件爆發隔天晚上，金恩在教會舉行了一次黑人領袖會議，約莫有五十位蒙哥馬利各界的黑人領袖或專業人士與會，雖然會中有少部分人反對拒乘公車，但仍有多數人支持。會議上決議，十二月五日星期一，就在羅莎判決出爐當天，啟動全市黑人拒乘公車運動，讓大家分別利用週末的時間去串聯各界黑人，牧師們也在主日崇拜上宣布星期一即將展開的拒乘公車運動。

星期天晚上，金恩難以入眠。他其實很擔心拒乘運動會推動不起來，畢竟絕大多數黑人都仰賴公車移動，沒有了公車，許多人得徒步走上好長一段路才能上學或上班，在嚴寒的十二月，那可是件苦差事。如果加入抵制運動的人不夠多，便無法發揮社會影響力，不僅抗議失去意義，黑人也將更被瞧不起，而且白人一定會報復，黑人恐將面臨更悲慘的命運。

根本睡不著的金恩，天還沒亮就從床上跳了起來，窩在住家的窗戶旁，等著公車開始營運。由於金恩家位在大馬路上，離市區也不遠，很多公車路線都會經過。

終於，首班車出發了。空的，車上沒有半個黑人。第二、第三輛公車過去了，也都是空的，沒有黑人搭乘。金恩心想，抵制行動應該是奏效了。

他欣喜若狂，奇蹟發生了。有人騎騾子上工，而蒙哥馬利的街道上不只出現一輛馬車。大家聚在公車站旁觀看事態發展，安安靜靜地看著，接著突然爆出為空蕩蕩的公車歡呼、又叫又笑的呼喊聲，還有孩子嬉鬧地唱著「今天沒乘客」。

其實，就在金恩等意見領袖做出決議後，黑人社區已經悄悄地動員了起來。教會裡流傳著一份勸人走路或共乘上班的文宣，黑人社區迅速被大量推廣文宣淹沒，許多人自發性地掏腰包印製文宣並發送，人們見面交談時都在討論拒乘運動，每個人都勸說親近的家人和朋友不要搭乘公車。民意迅速串聯且形成共識——「黑人要團結起來，拒乘公車，爭取自己的尊嚴和權利。」畢竟入獄的不是別人，可是黑人社區中極受敬重的羅莎・帕克斯。

抵制公車行動開始當天，羅莎因違反蒙哥馬利種族隔離法令被判處十四美元罰金。金恩訝異於承審法官的輕忽，不知道如此違法的判決，被告律師可以將法案往上告嗎？

當天下午，黑人領袖們再次聚集，他們知道拒乘行動不可能在短時間內收到效果，勢必得長期抗戰，於是他們在會議上決議，成立「蒙哥馬利改進協會」，專責處理黑人拒乘公車行動，並選舉金恩為協會主席。

協會隨即對外公布三大主張：

一、公車司機必須禮貌對待乘客。

二、公車座位應採先到先得，黑人從後往前坐，白人從前往後坐。

三、在主要乘客為黑人的路線，必須僱用黑人司機。

被選為協會主席的金恩，一則以喜、一則以憂。喜的是自己終於可以為破除種族藩籬運動而努力，憂心的是，這不是件容易的工作，且自己將成為許多憤怒白人的箭靶，自己的家人可能身陷險境，他的大兒子才剛出生兩個禮拜。

金恩被推舉為主席之後，還來不及告訴柯瑞塔，就動身前往誓師大會會場。教堂內外早已擠滿了數千名群眾。在大家簡單的讚美敬拜禱告之後，金恩發表了一場演說。

金恩先是描述了羅莎所遭受的待遇（羅莎則坐在金恩身後不遠處），並對公眾宣告，身為美國公民的黑人，有資格享受並行使公民權利。黑人弟兄姊妹已經受夠了種族隔離制度的屈辱，眾人要挺身而出替自己爭回應享的權利。

今晚我們在此聚集，是為了一件嚴肅的大事。我們在此聚集，首先因為我們是美國公民，我們決心在這個意義上，行使公民權。我們在此聚集是因為我們熱愛民主，我們深信要將民主從紙上的字句，化為真實的行動。

這一天終於到了，人們厭倦被壓迫的鐵蹄所蹂躪。

這一天終於到了，人們厭倦被拋向屈辱的深淵，承受無情而痛苦的絕望。

這一天終於到了，人們厭倦他人從我們生命中奪走如七月般燦爛的陽光，卻被迫忍受冬日高山上的刺骨寒風。

讓我告訴其他的人，我們並非煽動暴力。我想讓全國民眾知道，我們是一群基督徒。我們的抗議活動，不會焚燒十字架。沒有一個白人，會被頭戴頭套的黑人暴徒從家中擄走並虐殺。不會有任何恐嚇威脅，我們將遵循法律規範的最高準則行事，我們的行動將遵守基督信仰的最高原則：愛。

如果我們錯了，代表這個國家的最高法院是錯了。如果我們錯了，代表美國憲法也錯了。如果我們錯了，代表全能的上帝也錯了。

上帝是不會錯的，因此黑人爭取自己的人權也沒有錯。

金恩還提醒大家，抗爭開始之後，3K黨的白人必定會極盡所能地鬧事，千萬不要與對方周旋或對抗。耶穌說過要愛你的仇敵，為詛咒自己的人祝福。黑人必須堅持以非暴力和平方式抗議，不能以暴制暴。

今晚我們站在這裡，為即將到來的事情做準備。我們有堅定無畏的決心，團結一致，共同努力，如果我們懷抱嚴謹的基督之愛，勇敢地抗議，將來在歷史上，會有人說：過去曾經有具備道德勇氣的黑人，在蒙哥馬利挺身而出爭取自己的權利，它們為歷史與文化注入了新的意義。

晚上回到家之後，金恩才告知柯瑞塔自己當選主席一事，還好柯瑞塔很支持金恩，並表示願意一起和金恩努力，金恩這才放下心來。

十二月五日，五萬名黑人公民徒步上班上學，拒絕種族隔離政策加諸在他們身上的屈辱，以和平的非暴力抗爭捍衛自己的尊嚴，爭取自己的權利。

金恩相信拒乘運動是拒絕和邪惡體制合作的一種方式，當公車公司成了邪惡體制的一部分，為了拒絕與邪惡體制合作，必須拒絕搭乘公車。此舉看似傷害了公車公司從業人員，然而如果拒乘運動成功廢止了不公義的種族隔離政策，公車公司也不用再與邪惡體制合作，而能從邪惡體制中解放出來。因是之故，必須拒乘公車，此一運動的終極目的是與邪惡體制斷絕關係，讓邪惡體制無法繼續運作，傷害世人。

金恩認為這個行動其實不是抵制，而是「不合作」，黑人不願再與邪惡的體制合作，所以發起拒乘公車運動。黑人將透過此一拒絕搭乘運動，促成公義與自由的實踐，促使這塊土地上的人遵循正確的法律。

當然蒙哥馬利的白人不會因為一天的抵制而改變。他們相信黑人無法長久堅持下去，等到天氣再冷一些、風雪再大一些，黑人就會乖乖回去搭公車了，事情也就落幕了。

然而聖誕節過去了，新的一年來了，黑人仍然拒絕搭乘公車。上下班尖峰時間，黑人耐心地徒步跋涉前往目的地，有時隊伍綿延長達十二英里。

抵制之所以能夠長期持續，除了黑人的自尊心被喚醒，情願肉體受苦也要贖回自己被體制踐踏的尊嚴，此外也仰賴金恩領導的ＭＩＡ支援。這個協會提供了蒙哥馬利一萬七千名參加抵制公車運動的黑人具體的交通運輸工具替代計畫，建立了一套交通工具網絡，協助黑人上下班或前往採買、看病。

另外，開計程車行的黑人弟兄，願意以公車車資的費用（十美分）接送黑人弟兄，這也在黑人抵制搭乘公車運動上發揮了重大效果。後來則用各地湧入的捐款購買了十五部旅行車，加入運送黑人的行列。

抵制運動持續著，許多老婦人也不因為身體的不適而妥協。大家有共同的心志，要廢除這殘害黑人多年的種族隔離制度，不讓自己的子子孫孫再承受這種次等公民的待遇。肉身雖然艱苦疲乏，但因著心裡剛強有盼望就不以為苦，靈魂平安而喜樂。

有鑑於抵制運動繼續擴大，蒙哥馬利市長找來一名白人牧師，要求他去訓誡金恩，拿《聖經》

與之辯論，斥責黑人的作為。金恩當然不甘示弱，也以《聖經》回擊。反駁白人牧師並不難，讓金恩難過的是，除了羅伯．葛瑞茲牧師，蒙哥馬利的白人教會和神職人員並沒有支持黑人弟兄姊妹與教會的行動。然而，葛瑞茲牧師的支持卻換來了汽車被破壞，顯見其他白人的不滿。

市長眼見白人牧師的斥責無法阻止金恩，遂改變方式，開始施放謠言中傷金恩，毀謗他靠著募款而致富，並私下攏絡沒有加入抵制運動的黑人教會與牧師，再和這些黑人牧師一起出現在媒體上，表示雙方已經達成協議，黑人已經停止抵制。

然而金恩再一次破解了白人的卑劣手段。他讓送報童們在送報時，挨家挨戶提醒，那是個假協議，活動仍然持續中。

警察當然沒少找金恩牧師跟黑人的麻煩。有一次，金恩被以駕車超速名義逮捕，雖然沒有被私下運往3K黨處以私刑，卻被技術性地拖延保釋，送到蒙哥馬利監獄，任憑群眾在監獄外要求釋放金恩，也不為所動。他們刻意關了金恩一晚，最後才勉強讓他交保釋放。但金恩並沒有因此屈服。

金恩的家人也飽受騷擾，家中隨時都有騷擾電話，每天收到大量的謾罵信件。不過金恩一家並沒有憤怒、失控，反而給每一個寫信來抗議或辱罵者回信說明抵制運動的目的和意義。

雖然黑人一再堅持非暴力抗爭，然而不幸還是發生了。

一九五六年九月三十日，當金恩正在發表演說時，他家遭受炸彈攻擊，炸彈在前廊爆炸，還好沒有人受傷，房柱也只被炸壞一根，只是房子仍因為爆炸而被搞得一團亂。

當金恩趕回住家時，門口聚集了數百名帶著武器準備報復的憤怒黑人，就等金恩一聲令下，準備報復。市長和警察局長也都趕到了爆炸現場，還帶了一小群警察前來。他們心知肚明，如果金恩當場宣布攻擊，充滿憤怒的黑人肯定會生吞活剝了市長與這群白人警察。

然而金恩並沒有失去理智，他當然非常憤怒，但他知道這個時候更是要堅持和平非暴力抗爭，這是對他的信念的考驗。一旦黑人動手，那就全盤皆輸了。市政府可以堂而皇之地出動警察鎮壓並逮捕黑人，趁勢瓦解抵制行動。最重要的是，抵制運動是為了抗議並廢止不公義的制度，並不是為了傷害任何一個人。

金恩在確認過家中狀況後，緩緩地走到前門來，對一眾黑人弟兄開口說：

不要衝動行事，不要拿出武器。

若你有武器，把武器帶回家。

若你沒有武器，請勿試圖取得武器。

我們不能用暴力解決眼前的問題。

凡動刀的，必死在刀下。

我們必須使用非暴力來對抗暴力。

愛你的敵人，祝福詛咒你的人，為那些惡意對待你的人禱告。

記住，這場運動不會停止，因為神與我們同在！

金恩沒有想過要報復，反而懇求大家收起憤怒和武器回家去！

我們必須以愛包容恨，如果我被迫中止，我們的事業也不會終止，因為我們做的是對的事，是公義的事，上帝與我們同在。

金恩相信真正的勝利只能藉著和平非暴力的愛與包容達成，藉著耶穌在〈登山寶訓〉的教導，藉著基督的愛，每一個參與抵制的黑人都要奉公守法，做個好公民，奉行耶穌愛人如己的教導，以愛對抗不公義的迫害。

即便承受傷害也絕不還手，金恩與蒙哥馬利的黑人以嶄新的方式，決心以非暴力的不合作運動來爭取自己的權利，廢除種族隔離制度。

你必須心甘情願地忍受對手的憤怒，而且不以怨報怨。無論你的對手多麼野蠻無禮，甚至殘暴，都必須保持冷靜，以愛還擊。

爆炸事件過後，金恩的聲望大幅提升，他成了許多人心目中的典範。儘管妻兒性命被威脅，住家遭到破壞，他仍然以愛與寬容接納了一切來自仇敵的惡意。

抵制公車行動依舊，期間金恩獨力扛下了外界的斥責與不滿聲浪所帶來的壓力。除此之外，他還得肩負起募款以支應抗議行動的重責大任。金恩開始和他的夥伴在美國各地巡迴演講，宣講蒙哥馬利的狀況，推廣非暴力抗爭思想，尋求全美各地的支持，往往累到一點精力都不剩。

就連金恩身邊最親近的人，都因為憂慮金恩和國家法律對抗的壓力，試圖勸他放棄。老金恩十分擔心兒子一家的安危，就連啟蒙金恩的老師梅斯博士也希望金恩放棄。

金恩終究挺過來了。無論是仇敵的攻擊還是親友的憂心，他都不想因之卻步，讓堅持拒乘的五萬黑人弟兄姊妹失望。金恩的堅持，讓所有關心他的人理解到他正在做的事情，乃是他必須去做的正確之事，是神放在金恩身上的使命。偉大的領袖雖然謙卑服事，卻不會逃避面對自己的戰場。此後老金恩和親近的友人完全支持金恩，不再勸說他放棄。

雖然金恩博士和他的夥伴屢次因為抵制運動而被法院判刑，或罰鍰或入監，這一切並未擊倒他們的意志。一九五六年十一月十三日，就在抵制行動即將屆滿一年時，MIA在一場判決中，被誣告非法經營汽車共乘制度，必須賠償一萬五千美金，法院還下令黑人不得再集體共乘。這是運動最令人感到挫敗的一天，法院的判決成為阻擋拒乘運動得以繼續堅持下去的有力工具。

就在MIA承受巨大挫敗的同時，美聯社的雷克斯．托馬斯卻捎來了一個好消息。他遞了一張紙條給金恩，輕聲告訴他：「這是您一直在等待的消息。」原來，就在同一天，美國最高法院在特別法庭上做出了宣判，宣布阿拉巴馬州蒙哥馬利市的公車必須取消種族隔離制度，因為這違反美國憲法。

消息傳開之後，黑人社區歡聲雷動，眾人相信「上帝垂聽了他們有聲無聲的禱告。」

並非所有得知這項判決的人都像黑人一樣感到開心。3K黨得知消息後，隨即派出了大批群眾，身穿3K黨特有的頭罩式服飾，開車穿梭於蒙哥馬利市區，四處尋找正在抵制公車的黑人下手。幸好大多數黑人都已回家並緊閉家門、熄燈，拒絕與3K黨正面衝突。已經贏得判決和重拾自尊的黑人，並不打算動手回擊暴力挑釁，避免毀掉好不容易贏得的戰果，反而像看馬戲表演一樣欣賞著3K黨人小丑般的演出。

最高法院的違憲判決，並沒能立即讓蒙哥馬利市的白人屈服（雖然有小部分白人開始轉趨支持黑人的抵制運動），他們拒絕接受法院判決，憤怒的白人訴諸暴力，甚至有白人對公車開槍，造成孕婦受傷。他們還深入黑人社區，到處尋找可傷害的黑人，有四間教會和兩座牧師公館遭受炸彈攻擊，唯一慶幸的是沒有人因此而喪命。

另外有一些白人開始強硬起來。從嚴格取締黑人的交通違規、吊銷黑人司機的駕照，到取消其保險，以各種恐嚇威脅的方式迫使黑人退出拒乘運動，試圖讓抵制運動窒礙難行。

兩天之後，金恩發表公開演說，他的雙手用力抓住講壇，情緒激動，開口要求大家和他一起祈禱：

> 天父上帝，我希望我們在爭取蒙哥馬利的自由時，沒有人因此丟失性命。我自然不想死，但如果非得要有人死，請取走我的性命。

白人的報復接二連三，開始大肆破壞黑人社區與黑人計程車服務站。然而金恩與他的黑人弟兄姊妹們卻已經不再害怕。他神色自若地出入各個公共場所，與人交談、發表演說、帶公眾禱告，彷彿白人的攻擊不曾存在，即便他發表演說的地方不久前才被丟擲炸彈。

告訴蒙哥馬利，他們大可以繼續射擊，我將與他們對抗。告訴蒙哥馬利，他們大可以繼續丟擲炸彈，我將與他們對抗。如果明天早上我必須死去，我將快快樂樂地死去，因為我已經登過那山峰，我也去過那樂土，就是蒙哥馬利。

金恩不再膽怯，他秉持良心，願意為了爭取公義、對抗邪惡而死。

如果有一天，你們發現我橫死街頭，我不希望你們暴力還擊，不要替我報仇。我要你們以同樣的尊嚴和紀律，繼續堅持非暴力抗議。

那些發動攻擊的白人，雖有部分人士被逮捕，卻無一人被法院定罪，全都無罪釋放。金恩堅持繼續抵制，MIA和一些黑人教會也陸續開辦非暴力抗爭的培訓課程，培訓更多人以和平喜樂之心來抵制錯誤制度，來迎接這場勝利。因為，爾後蒙哥馬利的公車不再區分種族，黑人與白人都可以自由入座。

一九五六年十二月二十日，最高法院的判決正式送達蒙哥馬利市。當天晚上，金恩在擠滿了人群的廣場上發表談話：

這個時候，我們必須表現出冷靜、自制，不能放任情緒肆意奔竄，任何人都不能使用暴力。

隔天一早，一九五六年十二月二十一日，金恩博士、尼克森、拉爾夫等黑人領袖，還有白人牧師羅伯．葛瑞茲，一起登上了第一輛施行種族融合制度的公車，迎接此一勝利。

當晚，金恩博士對著擠滿教堂的群眾宣布：

我在此宣布抵制運動就此結束，但我仍必須提醒大家一件事情，當我們回到公車上時，必須用足夠的愛，化敵為友，我們現在必須從抗議走向和好，朝這個方向努力，我們將從陰暗荒涼的黑暗午夜，從人以非人的行為對待他人，走向光明燦爛的黎明，我們將走向自由與正義。

白人之所以讓步，或許是因為蒙哥馬利也只有公車不再堅持種族隔離制度，學校、餐廳等其他公共場所還是依舊，如果稍微妥協可以讓生活秩序恢復，白人似乎選擇接受。

拒乘運動的原點：羅莎．帕克斯

總結來說，拒乘公車運動可以順利展開、取得成功，與兩件事情有關。首先是黑人領袖的迅速串聯，取得抵制共識。金恩以嶄新的行動方式——非暴力抗爭、拒絕合作、拒乘公車——帶領黑人和平抗爭是其一，也廣為人知。第二點則較不為人知，和被逮捕人是羅莎．帕克斯有密切關係。

有別於其他被捕黑人（畢竟從來不乏黑人拒絕讓座而被逮捕的事件），羅莎長年在「全國有色人種促進會」擔任祕書工作，也曾經受過「非暴力抗爭」訓練。羅莎從小到大承受無數種族隔離屈辱，不僅3K黨白人在她家前面鬧事示威，甚至她的哥哥在二次大戰期間曾經拯救無數白人士兵的性命，卻在戰爭結束返家後因為自己是有色人種而被歧視。

羅莎平日除了工作，就是在促進會服務，空閒時陪鄰居的孩子讀書玩耍。努力工作且與人為善的她，深受黑人社區的敬重，她是社會學所謂的「情緒領袖」（非正式性領袖），雖不擔任領導職，但一言一行都深受周圍人士關切。

她當天做了最恰當的反應，對白人的要求沒有反應也沒有抵抗，只是沉默。很多人不知道的是，早在事發的十二年前，羅莎就曾在公車上遇過同一個司機布萊克。一九四三年十一月的某個下午，巴士車廂後半部的黑人區因為太過擁擠，於是羅莎從只有白人才能使用的前門上車。結果該名司機強行要求她必須從後門上車，甚至準備出手推她，而羅莎則冷靜地告訴對方：「我自己會下車。」

但在下車時，羅莎故意將錢包掉在地上，然後在撿起錢包時，以不小心跌倒的方式，坐到了白人專屬座位上。當年的羅莎，就以消極的方式做了一次漂亮的抵抗。

之後的十二年裡，每次只要看到公車司機是布萊克，她就拒絕搭乘。

那麼十二年後的十二月一號，為何羅莎會搭上布萊克的車？根據後人研究，很可能是羅莎真的太累了，一時不察，才會「誤上賊車」。基督徒則更願意相信，這是聖靈推了一把，定意要使用羅莎來改變黑白種族隔離問題。

如果說金恩是民權運動之父，那麼羅莎無疑是民權運動之母。她的拒絕讓座促成了日後的黑人抵制運動，進而造成種族隔離制度的瓦解，她是一切運動的原爆點。

還有一點很重要，雖然尼克森認為羅莎的案例絕對可以在最高法院翻盤，進而宣告種族隔離法案違憲，促成種族隔離法案瓦解。但羅莎只是一個裁縫助理，家裡還有生病的老母親需要照顧。一介貧窮弱勢藍領黑人女性，竟敢對抗國家機器？那是何等令人畏懼的事情？更別說當地白人將視羅莎為箭靶，她與家人的生命安全將如驚弓累卵。她的先生就很反對羅莎提起上訴，害怕被白人報復。畢竟因為拒絕讓座被捕是一回事，這也還算常見，但是故意繼續不讓座而連續被捕，還把逮捕她的白人告上高級法院，那就是另外一回事了。

可是，羅莎是虔誠的基督徒，更是正直的公民，個性溫柔卻也靈巧像蛇。她知道許多黑人弟兄姊妹為了支持她而在寒冬中徒步上學、上班，甚至在路過公車總站時還會齊聲大喊：「你們惹錯人了，惹到不該惹的羅莎女士了。」這麼多人力挺她，她不能半途而廢，她必須回應黑人弟兄姊妹的需要，她更知道上帝絕對不會拋棄她。

於是，她最終同意被起訴。

金恩曾經在一場聚會上對著群眾說：「如果這件事情注定要發生，我很高興它發生在羅莎這樣的人身上。沒有人可以質疑她無比的正直，沒有人可以質疑她高尚的人格，帕克斯太太的態度謙虛、品格正直。」

爾後羅莎一直跟著金恩博士到處巡迴演說、募款，雖然她不習慣長途旅行，總是失眠且飽受胃潰瘍和相思病之苦，但她從不抱怨。在旅程中，羅莎遇到了自己的偶像——小羅斯福總統的太太伊蓮諾·羅斯福。伊蓮諾則將兩人相遇的故事寫成文章，在報章上發表，形容羅莎是一位「安靜又柔和的人，卻能表達出積極獨立的見解，令人敬佩。」

一年後，拒乘運動結束。美國最高法院判決，巴士業者必須取消種族隔離規定。羅莎得知此事時，正在家中照顧生病的老母親，完全地謙遜，不歸任何功勞於自己。這是神用來啟動民權運動的偉大女性。

這場運動史稱「蒙哥馬利奇蹟」，一場改變了美國南方黑人命運的奇蹟。從此黑人們知道，自己是有尊嚴的人種，而自己的尊嚴必須自己爭取，尊嚴不會白白從天上掉下來。

黑人不再沉默，也不僅只滿足於廢除公車的種族隔離制度，他們知道自己雖然只是少數族群，但是只要團結，就是最強大的武器，沒有人能打敗他們，他們終將贏得最後的勝利——全面解放黑人，全面廢止種族隔離政策。

第六章　蒙哥馬利奇蹟向外擴散，金恩成為全美民權運動領袖

蒙哥馬利為黑人革命提供了新武器：非暴力抗爭。

——馬丁·路德·金恩

當蒙哥馬利市黑人發起拒乘公車運動之後，其他同樣身陷種族隔離制度之苦的南方各州黑人也紛紛響應，以自己的方式發起了類似的抵制運動。伯明罕、摩比爾、塔拉哈斯……南方黑人們開始思考自己的命運與未來，不願再當低人一等的國民與白人的奴隸，大家都想要改變！

一九五七年一月九日，金恩和拉爾夫來到亞特蘭大，與其他州的黑人領袖會面。大會展開前夕，拉爾夫的妻子安妮塔深夜打電話來，告知拉爾夫家被炸彈攻擊，同時城裡還有許多地方也都發生爆炸。幸運的是，拉爾夫的家人沒有受傷。掛掉電話之後，人在遠方的金恩與拉爾夫，也無法在大半夜裡立刻趕回蒙哥馬利，只好一起跪下來向神禱告，求主賜下忍耐與安慰。

隔天一早，金恩與拉爾夫決定飛回蒙哥馬利，先行缺席南方領袖會議。抵達拉爾夫家時，金恩看到爆炸後如同廢墟般的屋子，以及上千名聚集在屋外的群眾。確認拉爾夫家的狀況後，金恩又前往同樣被轟炸的第一浸禮會教堂、貝爾街與奧里山夫浸禮會教堂查看狀況，還好受破壞的情況都不算嚴重。

當天下午，金恩趕回亞特蘭大，參加南方黑人領袖會議。

這次會議總共有六十名黑人牧師與四十餘名黑人領袖出席，會議上大家同意以非暴力方式繼續反對種族隔離政策，並致電艾森豪總統，要求他南下，在南方大城召開談話會，促成南方各州遵守最高法院的決議。

雖然美國最高法院早已在一九五四年通過對學校種族融合的決議文，然而南方各州遲遲不願施行，甚至更加嚴格地執行其餘部分的種族隔離法案。是故會議上才有此一要求艾森豪總統發表談話的決議。

另外，大會同意組成「運輸與非暴力種族融合南方領導人聯合會」，後來該組織更名為「南方基督教領袖會議」（Southern Christian Leadership Conference，簡稱ＳＣＬＣ），負責組織南方民間發動的自由運動。金恩被推舉為主席，成為全國黑人運動的領袖。

一九五七年二月，《時代雜誌》為金恩與蒙哥馬利抵制公車運動做了一則專題報導。紐約一家出版社也向金恩邀約了一本談蒙哥馬利拒乘運動的書。

同年三月，迦納邀請金恩博士一家和美國民權運動的多位領袖，一起前往參加脫離英國殖民統治的獨立慶典。金恩在此次旅程中看見脫離殖民統治的光景，更加堅定他解放美國南方黑人的決心。殖民主義就是剝削，是一個群體欺壓另外一個群體來滿足自己群體的需要，這是不公義的作為。他相信以美國在國際上的地位，黑人地位獲得平反將具有指標性的意義，一如一七七六年美國獨立運動對世界的啟發。解放黑人，不單對自己國家的黑人弟兄，也對國際上仍受壓迫的族群有所幫助。

回國之後，金恩發現社會輿論風向開始轉向支持抵制公車運動，他走在路上時開始有人找他索取簽名，與他談話。金恩成了民權運動的象徵，而他也不斷反思自己的定位與使命，不因名聲而驕傲，反而要更加謙卑自省。金恩知道，不是因為自己的能力才獲得如此名聲和成就，而是自己站在歷史的關鍵時刻，這是五萬名蒙哥馬利黑人挺身而出，所共同造就的蒙哥馬利奇蹟，才將他推上新聞媒體版面，成為萬眾矚目的焦點，是歷史將他投放在這個位置上，他本人毫無可自誇之處。

成為全國黑人民權運動領袖之後的金恩，異常忙碌。除了日常教會工作和SCLC主席兩項全職工作，他還有一本書稿要寫，並且必須回應來自全國各地的演講邀約（巡迴演講對於募款非常有幫助，身為主席的金恩不能拒絕）。

一九五七年五月十七日，最高法院裁定公立學校種族隔離政策違憲，必須立即廢止。最高法院明白表示，隔離但平等的設施從根本上就是不公平的，根據膚色隔離孩子的受教權就是剝奪孩子獲得平等保護的權利。

SCLC做出了一項決議，對當時的總統艾森豪發出呼籲，懇請他召集一次白宮民權會議來商討黑人民權問題，特別是黑人登記投票問題，無奈被白宮拒絕。遭到拒絕的SCLC決議，五月在華盛頓發起「為了自由的禱告朝聖」（Prayer Pilgrimage for Freedom），預計在全國二十個地點動員五百萬公民，推動黑人登記投票，讓黑人行使投票權利。許多民眾自發性地加入，甚至一些好萊塢電影明星和部分參議員也加入遊行行列。

遊行群眾沿著林肯紀念館的大草坪，一邊走一邊放聲高歌，雙手高舉抗議標語，要求廢除種族隔離法案，不要再奴役、迫害黑人。

金恩則在現場發表談話：

讓我們清楚表達我們的意圖，我們必須獲得自由，我們也將獲得自由，我們現在就要自由，我們現在就要投票權利。

我們不要別人餵給我們的自由，上帝賦予我們與生俱來的自由，無知的人奪走了我們的自由，而我們誓死奪回我們本屬的自由。

記住耶穌的話：「凡動刀的，必死於刀下。」

我們必須用愛，對待我們的白人弟兄。

給我們投票權，我們將不再為了基本權益而打擾聯合政府；

給我們投票權，我們將把有良知的候選人送進國會；

給我們投票權，我們將帶給人民仁慈的法官……

這是金恩博士的首場全國性演說，獲得空前的好評與支持，遊行也起了效果。一九五七年六月二十三日，金恩與其他三位民權領袖和艾森豪總統會面。SCLC的代表菲利浦・倫道夫（Asa

Philip Randolph）發表了六頁聲明，詳述黑人希望獲得的權利，並對白宮不重視黑人的利益，以及不積極替黑人公民爭取權益，表示不滿。

金恩原本以為能夠讓艾森豪同意黑人的主張，順利推動立法。沒想到艾森豪再次沉默以對，未給任何回應。

不過，遊行過後，各界對金恩的讚許紛至沓來。有色人種協進會頒給了金恩「斯平加恩獎章」（Spingarn Medal），表揚他對改善種族關係的貢獻，他是有史以來最年輕的得主。霍華德大學、芝加哥神學院、莫爾豪斯學院，也紛紛授予金恩榮譽學位，以表彰金恩的貢獻。

一九五七年九月，聯邦法院下令要求阿肯色州小石城的中央高中必須讓九名黑人學生入學。然而州長派出國民兵阻擋學生入學，艾森豪被迫採取行動，沒收阿肯色州的國民兵與州長奧福・福布斯的指揮權，並派出一支正規軍護送九名黑人學生入學。儘管許多白人家長對這批黑人學生的入學感到不滿，但學校還是基於法令規定而收了學生。

金恩始終相信美國憲法與聯邦政府。在艾森豪做出派兵護送黑人學生進入校園的決策後，金恩隨即拍電報給艾森豪總統，稱讚他在此一問題上的積極和明確，認為他向全世界證明了美國是一個遵守民主法治規則的國家。

雖然金恩已經是全國性的名人，而且大家都知道他致力於廢除種族隔離政策，但他也因名氣而招來了不少羞辱與傷害。

有一次，金恩前往蒙哥馬利法院，準備出席阿爾內西的案件開庭，擔任證人，卻被法院門口的警衛百般刁難。無奈之下，金恩只好要求會見阿爾內西的律師，結果該名警衛對金恩大聲咆哮：「你再不滾的話，就得替自己請一名律師了。」

隨即有兩名警察逮捕金恩，將他關入監牢，獄警粗暴地對待金恩，無懼於法院外面的攝影記者已經拍下了一切。

第二天，金恩博士入獄的新聞登上全國報紙的頭條，警察局才知道事情鬧大了，趕緊先釋放了金恩，卻仍然沒有撤銷對金恩的控訴，罪名是汙辱警務人員。

全國媒體無不關切金恩這起審判的後續，法院以閒蕩與拒絕服從警務人員的罪名，判處金恩十塊美金罰款。金恩可以選擇繳交十塊美金或入獄服刑十四天。金恩毫不猶豫地選擇入監服刑，因為他並沒有違法，不願意繳交罰款，而如果國家要強行將一個沒有犯罪的公民下獄服刑，就得自己承擔輿論後果。

金恩同時要求對外發表一份簡短聲明，法官答應了。於是金恩博士發表了一篇抨擊種族歧視的嚴厲聲明，對全國人民訴說強加在他身上的罪名乃是莫須有的歧視，並非事實。這類典型的南方司法審判，是美利堅合眾國的恥辱。

金恩在聲明中提到，一個月前，密西西比州有一個警長在毫無預警且沒有正當理由的情況下，以警棍將一名黑人毆打致死，當場雖有四名目擊證人，該名警長仍然無罪釋放。

聲明中還提到另外一起冤案，阿拉巴馬州的一名黑人弟兄，不過只偷了不到兩塊錢，卻被判處死刑。

金恩之所以選擇無罪入獄，是效法主耶穌基督的精神，藉由自己無罪卻受審入獄的事件，以和平非暴力的方式回應回家暴力，喚醒全國人民對黑人問題的關切。金恩相信他的無罪受審下獄一定有其意義，「某些事情必須發生，以喚醒沉睡中的美國良知。」

其實當時白人基督徒非常討厭金恩博士。知名基督徒作家楊腓力就在書中談到過，他們教會的白人基督徒，給金恩取了個暱稱：馬丁・路西法・黑鬼。而且對於金恩的社會福音十分不以為然，更別說身為牧師卻參與社會運動。

第七章 新書宣傳遇刺，促成印度之旅

如果我在最近的遭遇中表現得十分平靜，絕非我具備何種非凡力量，而是由於上帝在我心裡。在爭取種族平等的抗爭中，我一直求主挪去我心中的仇恨，並給我力量和勇氣面對一切災難。

——馬丁．路德．金恩

一九五八年九月二十日，金恩在哈林區的布倫史坦百貨公司，為他剛出版不久的新書《邁向自由》舉行新書簽售活動時，排隊人龍中，一名穿著打扮看起來很是體面的黑人婦女艾左拉．維爾．柯莉走到金恩面前時，開口問他：「你就是馬丁．路德．金恩牧師嗎？」金恩以為只是一位尋常讀者，連頭也沒抬便回答：「我是。」

此時，這名婦女突然瘋狂大喊：「我找了你五年！終於讓我找到你了！」接著便從她的衣服底下抽出一把銳利的拆信刀，一刀刺入金恩博士的胸膛。

遇刺的金恩，隨即被救護車緊急送往哈林醫院搶救。經過診斷，這把拆信刀深深刺入了金恩的心臟，刀尖抵住了心臟的主動脈。金恩的主治醫師奧布魯．梅納德對他說：「如果在手術取出拆信刀之前，你不小心用力過大或打一個大噴嚏，刀鋒極有可能就往前插入大動脈，鮮血將噴湧而出，您也許就得提早去見上帝了！」

非常幸運的是，金恩沒有打那個取其性命的噴嚏，手術也順利完成。雖然金恩被切掉了一根肋骨和部分胸骨，但總算是活了下來。

金恩在簽書會上遇刺的消息，迅速地傳播開來，全國性的新聞媒體無不密切關心並報導後續發展，就連美國總統和其他國家的元首也紛紛拍電報來慰問致意。

在所有的慰問信當中，金恩對一封來自白原中學的九年級白人女學生所寫的信，特別印象深刻。女學生在信上寫著：「報上說如果您打了噴嚏的話可能會沒命，我很高興您沒有打噴嚏。」

事後金恩並沒有對刺殺他的女子提起告訴，他相信對方應該是精神有問題（後來得知，該名女子試圖透過暗殺名人來宣洩內心的愁苦悲痛），應該送往精神病院治療。

術後的金恩得到了三週的喘息時間，他可以好好休養，安靜地思考接下來的行程。

如果我在最近的遭遇中表現得出奇平靜，絕非我具有何等非凡力量，乃是上帝在我心裡的緣故。在爭取種族平等的抗爭中，我一直求主去除我內心的仇恨，給我力量和勇氣去面對各種臨到我身上的災難。不住禱告的生活和依靠上帝的感覺，讓我一直感受到神的同在。我難以用言語解釋，雖然身處危急局勢，我卻十分平安。

雖然與死神擦肩而過，金恩並沒有改變他的志向。早在蒙哥馬利帶領拒乘公車運動時，金恩就做好了賠上性命也要推行到底的覺悟，而今不過印證他的覺悟為真。

是上帝給了我承受暴行的能力，對我而言，暴力攻擊不足為奇。它經常在發生，而我早就做好心理準備，願意為所捍衛的真理付出代價。

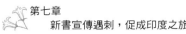

非暴力主張不代表自己不會受到暴力攻擊，但非暴力主張者寧願成為暴力的受害者，也不願成為加害者。非暴力主張者相信背負苦難與十字架，將能換得嶄新的社會環境降臨。

療養期間的金恩，越發堅信非暴力抗爭能夠改變美國，進而影響世界。金恩也對自己所屬的團體發出呼籲，不要仇恨施暴者，施暴者也是制度下的受害者。要堅持主張非暴力，以愛回應基於仇恨的暴力攻擊，特別是仇恨已經浸透了全國的每一片土地，到處橫行之際，我們更應該堅持非暴力的和平抗爭到底，為了實踐全人類的自由與公義的理想，義無反顧。

臥病在床期間，金恩重讀了甘地的非暴力抗爭，思索該如何將甘地的思想融入黑人民權運動，並產生前往印度一遊的構想，意欲親自了解印度這個靠著非暴力抗爭而成為獨立國家的國家。

第八章　造訪印度，非暴力運動的聖地

世人不喜歡甘地這樣的人，一如不喜歡耶穌、林肯這樣的人，所以殺了他們。一個主張非暴力的人卻死在充滿仇恨的人手中。

——馬丁·路德·金恩

金恩並不是第一個前往印度取經的黑人民權領袖。早在一九三六年金恩還是個孩子時，當時美國黑人牧師索曼博士（Howard Thurman）就曾經前往印度，還拜會了甘地，並請教非暴力運動的各種問題，以及美國的種族歧視問題該如何透過非暴力抗爭獲得改善。

索曼曾經問甘地：非暴力到底是什麼？甘地回答他：「非暴力是世界上最強大也最活躍的力量。」不過，「必須身體力行，無法空口鼓吹，但可大規模施行。」

保羅在書信中所提倡的愛之教導，拿撒勒人耶穌一生的行誼，是啟發甘地非暴力哲學的重要基礎。

暴力只有短暫的立即效果，非暴力才能產生綿延無盡的長期效應，雖然無聲卻能堅定而有效地持續運作，直到某一天爆發出讓全世界瞠目結舌的成就。

當時美國的新聞媒體也對索曼博士的印度行做了詳盡的報導。後來美國黑人當中，始終有一派人士奉行甘地的非暴力運動模式。

索曼離開印度一年後，又有兩位美國黑人學者前去印度。這兩位正是金恩當年的老師托比亞博士與梅斯博士。

金恩可以說是循著老師的足跡來到了印度，探詢非暴力哲學的現代根源。雖然此時甘地已經不在了。

一九五九年二月三日深夜，金恩與妻子柯瑞塔，偕同友人勞倫斯・瑞迪克博士從紐約啟程，一起前往印度。

早在一年前甘地基金會就邀請金恩博士前往印度訪問，希望透過這個機會與金恩博士所推動的運動進行交流。無奈金恩實在太忙，行程滿檔，邀約之事也就一直順延。直到遇刺之後，金恩被迫停下手邊所有工作，安靜休養，才讓他想起赴印訪問一事。金恩認為此時前往印度正是最佳時機，可以趁著造訪印度時，更深入了解甘地所帶領的不合作運動與非暴力抗爭哲學，好作為日後帶領南方州黑人繼續深化民權運動的養分。

二月十日，抵達印度之後的金恩隨即拜訪了甘地的追隨者，當時的印度總理尼赫魯。兩人曾經在尼赫魯於一九五六年造訪美國時，有過短暫的交流。當時尼赫魯便對金恩說，與金恩的會面，令他有相見恨晚之感，很希望能夠再見上一面。回國後，也多次透過外交部發函給金恩，邀請他前往印度訪問。

拜會過尼赫魯之後，金恩一行人便展開印度訪問之旅，也受到各地熱情的歡迎與款待。上至政府官員下至平民百姓，金恩都能夠順利會面且有深度的暢談。當地媒體大幅報導金恩一行人訪問印度的消息，連走在路上都有印度人靠過來攀談。

不久，印度的許多狀況引起了金恩的好奇。

首先，印度到處都是人，並且多半是窮人。雖然貧窮，犯罪率卻極低，而且許多人臉上掛著難以言喻的喜悅與幸福，不會拿別人替自己的貧窮出氣。金恩心想，或許是充滿愛的非暴力抗爭所贏得的勝利，讓印度人充滿自豪，不以物質的欠缺為苦。

印度政府當然是致力於解決貧窮問題，尼赫魯更是積極發展工業，引進現代化文明與經濟發展，希望透過現代化提升印度的經濟與生活水準。只不過，當地有一派人質疑這樣的做法是否會替印度帶來負面衝擊，賺取金錢之後的印度是否會賠上靈魂？

其次，雖然印度已經在制度上廢止種姓制度，然而精神上仍然受制於種姓制度，並沒有隨著制度的廢除而中止。這和日後美國黑人雖然廢止了種族隔離政策，國家中卻仍然存在著一條無形的黑白界線如出一轍，也許制度性歧視不難廢除，然而人們心中的精神性歧視卻需要更漫長的時間來達成。

不過，無論如何，得先廢止制度性歧視。至少印度已經邁出了第一步，公然歧視賤民是憲法所不容許之事，違反者將被法律懲處。

金恩發現美國南方黑人的命運，其實和印度不可接觸的賤民階級一樣。種族隔離政策就像現代種姓制度，將黑人與白人徹底隔離，居於邊陲弱勢的黑人，好像種姓制度中不可接觸的賤民。金恩徹底體悟到，每一個美國黑人都是賤民，除非能廢止種族隔離政策，將黑人從不可接觸的賤民階級中解放。

甘地活著的時候，始終相信有一天，當印度全體國民重新體認甘地的精神時，將會覺醒然後廢除這個壓迫人的種姓制度，無論是制度上還是精神上的種姓制度。

第三，金恩在印度親身感受到聖雄甘地的影響力。人們之所以樂於服從甘地的領導，是因為他誠懇的態度與高尚的奉獻精神。他嚴格的自我要求與自我批判，還有盡力為眾人之幸福努力的人生，感動了許多人，人們為此而加入他的行列。

甘地對眾人說：「如果你挨打，不要還手；即便他們對你開槍，也別還擊；任憑他們詛咒，不要還嘴，只管繼續前進。直到抵達目的地之前，也許有人會犧牲，有人得入獄，但我們仍然不要停止抗爭。」

就這樣，甘地凝聚了全印度人民的力量，完成了偉大的社會實驗，以和平非暴力的抗爭，驅除了殖民統治政府，令印度獨立。

金恩體悟到非暴力抗爭與消極抵抗是不一樣的。非暴力抗爭並不屈服於邪惡，而是以愛的力量，正面而勇敢地面對邪惡。主動地承受來自邪惡的攻擊，不害怕、不膽怯，在明知自己可能受傷的前提下，以打不還手的愛，勇敢對抗邪惡。

一個月後，金恩一行人在新德里告別印度。此行對金恩來說，收穫甚豐。除了會見總理尼赫魯，更和甘地的子孫、親戚及與其共同奮鬥的夥伴見面，從他們口中聽聞許多甘地的事蹟和言行，更讓金恩確信自己以非暴力抗爭來爭取美國黑人民權的意志，將會貫徹到底的決心。

金恩在印度受到了強烈的鼓舞，印度的成功經驗完全可以作為美國的借鏡。金恩深信暴力反抗只會加深雙邊彼此的仇恨，唯有被迫害的弱者那一方率先放下暴力，以愛的非暴力擁抱迫害者，才能摧毀邪惡，化解雙方的矛盾，重建社會秩序。

當臣民拒絕效忠，官員辭去職位，革命就成功了。

——亨利・梭羅

非暴力是金恩博士帶領黑人破除種族隔離法案的最重要工具，也是甘地帶領印度人終結英國殖民政權的武器，而根源其實是主耶穌基督的教導。

溫克在《耶穌與非暴力》（香港基督教文藝出版社）一書中，仔細爬梳《聖經》，整理出了耶穌在《新約》中關於非暴力抗爭的教導。據此溫克明白指出英王欽定本聖經的翻譯錯誤，指出《羅馬書》十三章1到7節，並不是要基督徒只能順服不能反抗，而是要人不可以暴力或武裝手段反抗。

基督徒是可以反抗不公義的惡法或政權的，只是要以非暴力的方法。教會常引用耶穌的「連另一邊臉也轉過去給他打」來佐證「愛仇敵」，鼓勵弟兄姊妹忍受不公義的傷害，不可以挺身反抗，這是錯誤的詮釋。耶穌並非禁止反抗，而是禁止以暴力的方式反抗。如果是非暴力的手段，則是可以的。

非暴力，不是沒有衝突，或者希望上帝改變世界上的不公義，但自己卻不需要參與在改變的進程當中。當教會面對被壓迫者卻沒有出面調停甚或保護被壓迫者時，就成了壓迫者的幫兇。

耶穌的非暴力教導

耶穌基督的非暴力教導，不是要基督徒順服邪惡或不公義的政權，不是要基督徒不可以對抗壓迫的惡者，而是要基督徒以非暴力的方式對抗惡者，揭發惡者的詭計，將之呈現於世人面前。不使用壓迫者的暴力方法，而是以明確且強硬的非暴力方法來回應。

溫克指出耶穌自己就舉了三個非暴力反抗的例子作為教導──「連另一邊臉也轉過去給他

打」、「連裡衣也給他」、「陪他走第二里路」。這三個例子其實並非一般教會講堂上所說的愛仇敵、不反抗，而是一種高明的非暴力反抗。

一、有人打你的右臉，連另一邊臉也轉過去

溫克指出，在慣用右手的世界裡，人會揮右拳打人的左臉。若要打人的的右臉，則需要使用左手。然而在古代世界，左手是不潔的，使用左手必須悔罪十天。因此要打耶穌讓出來的右臉，又非得使用右手，那就只能使用右手背來打對方。而這個動作，毋寧是羞辱被打臉者，而非單純的毆打。因為反手掌摑是上司責打下屬、主人責打奴隸、父母責打女兒的方法，是處於不平等的上下關係時才會使用的方法。

耶穌讓出右臉讓對方打的意思是：再打我一次吧，因為你第一次的攻擊並沒有達到你想要的效果，我拒絕你有侮辱我的權利，我跟你一樣都是人，你不能貶低我。如果你膽敢使用反手打我，將會凸顯出你企圖羞辱我、你將自己置於我之上、你認為我們處於不平等位置的想法，眾人都將看見你企圖羞辱我的心意。

耶穌以讓出右臉的方式，喝止對方對自己的羞辱，奪回自己與對方的平等關係，化解有權力者對被壓迫者的攻訐。此乃一種非暴力的反擊，奪回自己尊嚴地位的反擊，絕非只是寬容對方的攻擊而已。

二、連裡衣也給對方

溫克說，只有窮人之中的赤貧者，才會窮到家徒四壁，只能以身上的外衣作為典當抵押。而猶太律法規定，典當的外衣到了日落，要歸還給典當者，讓窮人可以穿著睡覺。

耶穌舉這個例子的意思是：當窮人因為欠債而變得更窮，無力償還時，如果債主追討債務時竟然連窮人的裡衣也拿走，代表債主將讓窮人赤身裸體上法庭。那看似羞辱欠債者，其實是羞辱債主，因為債主奪走了窮人的所有，而窮人甘願讓債主取走你的所有，也不願意被他羞辱。

赤裸是猶太教的禁忌，讓人赤裸者反而才是該覺得羞愧的人。窮人以讓出裡衣的方式，反抗債主的不公義壓迫，保護自己的尊嚴不受羞辱，且將債主羞辱自己的所有作為攤在陽光下，讓眾人看清楚。

三、陪走第二里路

羅馬士兵是不能要求臣服的子民走第二里路的，他只有權要求被統治的臣民走一里路。如果只陪走一里路，是順服這個不公義的制度。然而當被要求陪走一里路的人，竟然以主動幫忙的方式，要求陪走第二里路時，情況逆轉了。

開口要求陪走第二里路的被壓迫者，雖然無力廢止這個不公義的制度，卻沒有被這個惡法所綑綁，尊嚴並沒有被奪走，因為我自願陪你走第二里路。被壓迫者以此凸顯整個不公義惡法的荒謬，並奪回主控權和尊嚴，以非暴力的方式，反抗並破壞了不公義制度對我的挾制與羞辱。

耶穌這三個例子，在在都是告訴被壓迫者，為自己捍衛尊嚴、討回公道，奪回自己的主控權，打破羞辱的循環，揭發制度的不公義，都是可以的，只要是以非暴力的方式。讓壓迫者知道自己的錯誤，同時站穩自己的立場，令壓迫者被迫以新的眼光和態度看待你，令壓迫者怯於再以不公義的制度羞辱你。

耶穌教導人們利用邪惡本身的動能來反抗邪惡，身處不人道的環境中，仍然肯定自己的人性和主控權，不讓惡法剝削、羞辱、傷害我們。

耶穌的非暴力反抗，絕非今天部分教會所教導的不可反抗與一味順服，而是以創造性方法，破壞了不公義制度的挾制。

非暴力反抗原則是為了摧毀不公義的制度，而非傷害壓迫者

耶穌之所以堅持以非暴力原則反抗，是基於「永遠不要採用你不希望別人對你的方式對待他人」的愛仇敵原則。

壓迫者信仰暴力，被壓迫者不能與壓迫者信仰相同之事，被壓迫者必須使用非暴力來對抗壓迫者的暴力。唯有如此，才能彰顯壓迫者的暴力之不道德，讓被壓迫者取得道德制高點，從而喚醒大眾的良知，站到被壓迫者這一邊來，支持被壓迫者的訴求，破除不公義的制度對壓迫者與被壓迫者的傷害。

是的，耶穌的非暴力更是為了最後與壓迫者和好，讓壓迫者悔改而設的救贖之道。

非暴力抗爭方式不羞辱壓迫者，而是揭露壓迫者所使用的暴力背後的不道德因素，對付的乃是不公義的制度而非施加壓迫的人，並且讓壓迫者知道，其實自己也陷入不公義制度的綑綁，只是自己站在壓迫者方而已。

唯有非暴力原則能夠擺脫壓迫與非壓迫的二元對抗，壓迫者和被壓迫者才能同時得到解放與救贖。採用非暴力的方式，是不讓壓迫者被暴力羞辱，卻能看見制度之惡的荒謬，從而願意一起扭轉不公義的制度。

非暴力並不美好，也絕非沒有傷亡。堅持非暴力的被壓迫方，往往會出現傷亡，因為壓迫方會使用更殘暴的手段來傷害被壓迫方的非暴力抵抗，目的是恐嚇其他還未加入者。

然而溫克認為，即便如此，還是只能堅持非暴力對抗。除了這是主耶穌親自的教導，更因為非暴力原則是與不公義的制度對抗時，傷亡最低的一種方法。如果雙方都堅持暴力相抗，將會造成大規模的傷亡，以及難以平復的傷口與仇恨。

以非暴力的方式愛仇敵，是因為承認仇敵也是神所愛的人，是唯一讓仇敵看見自己錯誤的最有效方法。對方只是沒有看見自己被不公義的制度綑綁，成了壓迫者，成了傷害者。

當有人甘願一再承擔暴力攻擊而不回手時，暴力壓迫者被迫檢視雙方的巨大不公平，被壓迫者藉此喚醒壓迫者的良知，從而衝破不公義的制度。

非暴力抗爭不是為了打敗壓迫者，而是為了讓整個壓迫制度的荒謬與不公義被凸顯出來，是為了追求最後的公義制度的降臨，所以打敗或傷害壓迫者並沒有幫助，讓壓迫者知道自己也遭暴力壓迫的不公義狀態所挾制，才是更重要的任務。不是要打敗壓迫者，而是要讓壓迫者悔改，被上帝轉化。

非暴力要改變的是錯誤的制度，而非教訓在制度中扮演強權角色的人。愛仇敵是信任上帝有扭轉一切的能力。

拒絕不公義的法律，甚至願意以自己肉身承受不公義之惡法的傷害，也不願意順服遵守不公義的法律，以肉身承受不公義之惡法的傷害，凸顯整個不公義制度的荒謬，喚醒所有人的良知，一口氣扭轉錯誤的制度規則，讓上帝的公義成為新的秩序，將暴力連根拔起。

耶穌基督承受十字架的酷刑，就是終極的非暴力，他明明可以迴避卻不迴避，因為他以肉身承受了惡的攻擊，以此作為爭取公義與恩典救贖降臨人世的必要（之惡）的手段。

第九章　學生占座抗爭運動開始，民權運動全面展開

參與抗議的每個人都得了解，能使運動產生積極作用的原因在於，我們乃是懷著和解之心投入。我們的終極目標是建立一個融洽而充滿愛的社會。

——馬丁・路德・金恩

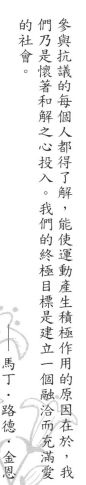

從印度回到美國後，金恩開始思索擴大非暴力抗爭的方法。

蒙哥馬利拒乘公車運動，如今在金恩看來，只是仍然以遵守法律為抗爭前提的消極不合作。然而如果想要深化抗爭運動，勢必得以非暴力方式刻意地違反法律，以凸顯種族隔離政策的荒謬不合理之處。

金恩相信，雖然一開始被冒犯者可能感到恐懼、不能諒解，慢慢地，被冒犯者會發現我們的訴求並非針對個別的人，而是凸顯體制的錯誤。只要我們謹守非暴力原則到底，總有一天，對手也會尊敬我們的作為，從而試著理解我們的訴求，並且放下敵意。

為了深化民權運動，對種族隔離制度發起全面性攻擊，金恩不能再待在蒙哥馬利。雖然那裡非常需要他，卻十分不利於ＳＣＬＣ募款活動的進行。為此，他必須搬往更便利且具有重要象徵意義的大城市，並同時放下教會服事，成為全職的抗爭運動領袖，準備帶領黑人弟兄背水一戰。

一九六〇年一月，金恩一家遷往ＳＣＬＣ的總部亞特蘭大，回到他的老家。雖然金恩在父親的教會擔任助理牧師，但主要的工作則是在ＳＣＬＣ，負責建構一個傳授各種非暴力抗爭技巧的訓練中心、募款，還有推動黑人登記投票。

金恩搬回亞特蘭大不久，同年二月，隨即爆發了一場大型抗爭運動。北卡羅萊納州的農工州立大學裡，黑人學生約瑟夫·麥克奈爾與其三名同學，一言不發地走進當地的一家廉價快餐店「伍爾沃斯」，坐在黑人不准坐的吧檯區。看到黑人學生入座的服務人員，隨即對約瑟夫說：「我們不服務黑人。」服務生說完，約瑟夫就離開了。

然而事情並沒有就此結束。回到宿舍的約瑟夫，和室友分享了這件事情，其他同學也紛紛表示認同，覺得自己應該為了破除種族隔離制度做點什麼事情。最後眾人決議，隔天再前往這家快餐店，再做一次同樣的事情，心平氣和地進行示威抗議，抗議快餐店不在吧檯區服務黑人。

第二天，約瑟夫和他的室友再度前往快餐店，打開門，穿過餐廳，逕自來到吧檯區，每個人各自選了一個座位，然後坐下。服務生顯然被這群黑人學生的舉動給激怒了，大聲對約瑟夫一行人咆哮：「我告訴過你，我們不為黑鬼服務！」

約瑟夫一行人並沒有動怒，也沒有動搖，只是安安靜靜地坐在吧檯區的座位上。再隔天，約瑟夫一行人繼續來，只是又多了兩名學生。

黑人民權領袖勞森牧師，從納許維爾市《田納西人報》上得知北卡羅萊納州的抗議行動不久，隨即接到當地一名牧師朋友來電，請他也在納許維爾發動同樣的抗爭行動來響應北卡羅萊納的同學，勞森隨即答應了。

二月十二日晚上，勞森在費斯克大學的禮堂對著數百名學生宣布，隔天將於納許維爾的百貨公司展開占座抗爭，歡迎同學報名參加。

一個星期之後，占座活動在南美各州蔓延開來。

勞森牧師是知名民權領袖之一，也是金恩的好朋友。勞森原本人在印度，直到聽說蒙哥馬利發生拒乘公車運動，以及帶領運動的金恩牧師的事蹟，覺得金恩的非暴力抗爭與他的願景不謀而合，顯示美國已經準備好以非暴力抗爭對抗種族歧視。於是他在一九五六年返回美國，先到俄亥俄州的歐柏林學院攻讀碩士。

兩人於一九五七年金恩訪問歐柏林學運時，在一場午餐聚會上結識，金恩聽聞他的計畫之後，力勸他儘快來南方，因為民權運動需要他。

剛抵達南方的勞森，發現民權運動百廢待興。黑人人權問題十分嚴峻，美國有色人種協會與南方基督教領袖協會雖然著力頗深，卻仍遠遠不足，必須有人出面協力，組織其他能夠召集人群的團體。

勞森之所以能讓占座行動迅速擴散，是因為他在實際帶領黑人學生參與抗爭之前，已經成立非暴力抗爭學院，積極投身於黑人非暴力抗爭的訓練工作。他對學生講授非暴力運動的歷史與哲學基礎，還有實際操作非暴力抗爭的各種技巧、被捕之後的應對之道等，幫助更多希望爭取黑人民權的學生掌握抗爭工具，也因此培訓了許多非暴力抗爭人才。

勞森制定了一套「占座抗議人員行為準則」：

禁止事項：

一、不可出手反擊，遭逢辱罵也絕不還口。
二、不可嘻笑。
三、不能與店員交談。
四、除非小組長命令，否則不准離開座位。
五、不可擋住商場入口或走道。

遵循事項：

一、隨時表現親和有禮貌的態度。
二、坐姿端正，正面面向吧檯。
三、向組長回報重大事件。
四、若有人通報訊息，禮貌地引見小組長。
五、謹記耶穌基督、聖雄甘地與金恩牧師的教誨。

此外，嚴守非暴力與愛的教導，不准攜帶刀械，一切以恭謙有禮的方式安靜地進行。

不到兩週的時間，入座黑人禁止區的和平抗議活動，迅速在北卡羅萊納州蔓延開來。許多黑人學生紛紛進入白人餐館或餐館的白人區，要求服務。雖然馬上有警察前來驅趕或逮捕抗議學生，卻有更多學生自動補上，安靜而和平地入座那些不准黑人落座的座位。

學生自行排班，需要上課的時候，就會有人前來遞補。即便有白人對抗議者潑灑番茄醬、芥末醬，甚或動手推人，也絕不反擊。

「不回嘴、坐姿端正、不講粗口、絕不回擊。」抗議者彬彬有禮，言行舉止就像紳士淑女一樣，每一個人都嚴格奉行金恩博士所高舉的非暴力抗爭原則。抗議學生坐得好像自己就在教會會堂聚會一樣，把參與占座抗議當成約會一般。每個人衣著得體，穿著正式服裝，不曉得的人還以為他們打算前往參加什麼正式的晚宴。

占座運動擴散開來之後，金恩在一次對學生的演說上提出建議，不妨成立一個永久性的組織——學生非暴力協調委員會（Student Nonviolent Coordinating Committee，簡稱ＳＣＬＣ）。由勞森牧師創辦，並且決議此組織獨立於ＳＣＬＣ之外自行運作。

草創ＳＣＬＣ的勞森寫下的宗旨，堪稱非暴力哲學的精華。在此試摘錄部分如下：

我們堅信非暴力哲學或宗教理念是我們意志的基礎、我們信念的前提，以及我們行動的方式。非暴力思想由猶太—基督教傳統而生，尋求一種在公義中帶著愛的社會秩序。人們為了種族融合所做的努力，象徵著朝向這樣一種社會前進的關鍵起點。

經由非暴力，勇氣取代了恐懼，愛改變了恨。接納消除了偏見，希望終結了絕望。和平宰制了戰爭，信念排解了疑慮。相互尊重消弭了敵意。為所有人伸張正義，推翻不公義。獲致救贖的共同體將取代極不道德的社會體系。

愛，是非暴力的核心意念。藉由愛的力量，神將人與祂自己、將人與人，結合在一起。這樣的愛將走向極致，即便深陷敵意之中，愛與寬恕仍在。它足以對抗加諸苦難的邪惡力量，以更堅毅的力量來消滅邪惡，而這股力量始終存在於愛中。

藉由訴諸良知，以及堅持人類的道德本質，非暴力得以孕育出和解與正義將獲致實踐的氛圍[1]。

---

1 本段摘文出處：Carson, Clayborne, In Struggle: SNCC and the Black Awakening of the 1960s (Cambridge, MA: Harvard University Press, 1981).

三個月後，非暴力占座抗爭行動席捲南方五十多個城市，還有數百座小鎮。

金恩博士盛讚這群學生的示威活動，「向美國展示了一個克制而有尊嚴地，反對種族隔離制度的非暴力行動的典範。」雖然許多占座抗議學生被逮捕、襲擊、監禁，甚至被警方以催淚彈攻擊，遭到暴徒襲擊，卻始終沒有屈服，也沒有回以暴力，堅持以和平靜坐抗議的方式，爭取屬於黑人的基本人權。

除了餐廳內被占座抗議學生坐滿，城鎮上也充斥了大批遊行示威群眾，彷彿作為學生後盾一般，不斷湧上街頭。有些州政府開始擔心情況失控，於是出動民兵鎮壓示威遊行，把自己的國民當成敵人般對待。即便如此，抗議者還是堅守金恩博士提倡的非暴力抗爭原則，絕不回擊。

金恩也鼓勵學生繼續堅持下去，但要保持尊嚴地堅持。因為非暴力抗爭的目的不是打敗或羞辱傷害黑人的白人，而是贏得他們的尊敬與理解，藉此提醒他們認清種族隔離制度乃是個錯誤，從而一起加入廢除種族隔離制度的行動中，成為黑人的夥伴與幫助者。

非暴力抗爭的最終目的，乃是要藉由廢止種族隔離制度的傷害，與白人弟兄姊妹和好。金恩博士如此相信！

占位抵制運動後來進一步擴大發展成抵制零售商，造成許多小店面商家業績嚴重受損。越來越多老闆不堪虧損，埋怨自己並不是決定社會制度的人，不該承受這樣的衝擊，他們批判這場運動太過於不切實際，希望事件能儘早落幕。零售業者態度的鬆動，讓占位運動露出曙光，也讓抗議人士逮到機會，要求市長贊成廢除餐廳吧檯的種族隔離措施。最後市長魏斯特屈服同意，群眾鼓掌，並與市長擁抱，握手言和。

最後，該市決定五月十日起正式施行種族融合措施，黑人民權勝利再下一城。

金恩認為一九六〇年的學生占位行動是整個民權運動的關鍵時刻。學生運動給了對種族隔離政策無感的黑人一記響亮的耳光，向全世界展示爭取自由與公義的決心，說明現在是被壓迫者發動反擊的時刻，邀請所有被迫害者挺身而出，勇敢地爭取自己的權利。

學生的加入有極大的宣示意義，年輕人的集體加入，喚醒了其他只想安靜過日子的人，他們再也無法假裝沒看見許多為了抗議而被傷害的年輕人的臉孔。年輕學生的加入，讓更多公民勇敢站了出來，讓更多黑人認清現實的殘酷，自己長年飽受種族隔離政策的羞辱與傷害，是時候改變這一切了。

第十章　誣陷金恩逃稅，告上法庭、逮捕下獄

在不當拘囚人民的政府治下，義士唯一的歸處只有牢籠。

——亨利．梭羅

在極度失望中，我為教會的漠不關心傷心落淚。

——馬丁．路德．金恩

金恩雖然離開了蒙哥馬利，不過當地的白人沒打算放過他，決定給他一點教訓，便以金恩從一九五六年到一九五八年的報稅不實，偽造繳稅報告為由，將金恩博士告上法院。

透過訴訟來詆毀他人的名譽，這種手段在臺灣也不罕見。每逢選舉必有人對候選人提告，繪聲繪影地描述該名候選人的犯罪行為，意圖分化候選人的支持力量。反正最後就算判決無罪，選舉已經選完，被不實指控拖累而沒選上的人也只能自認倒楣，畢竟抹黑指控對於掉票的影響關聯性很難有效證明。

除了汙衊金恩的名譽，提起告訴還有另外一個理由——增加金恩的財力負擔。法律訴訟所需花費的金錢，遠超過一般人所能想像，光是聘請律師就是一筆龐大開銷，更別說經常得接受法庭傳喚，相當曠日廢時。

金恩當然坦蕩蕩，他知道自己是清白的，也知道自己是遭受誣陷。

籌錢還不是最困難的事情，雖然這是私人事務，不方便以ＳＣＬＣ的名義對外募款，不過金恩還是找到了一個好朋友——紐約的歌手哈利．貝拉方特（Harry Belafonte）——代為籌款，好讓金恩有錢可以打官司。金恩最擔心的是，陪審團的歧見，可能會讓他被判有罪，畢竟陪審團都是白人。

案件於一九六〇年五月展開審理。金恩的律師威廉．敏和赫伯特．德拉尼以高明的詰問技巧，加上完整而清楚的資料整理工作，讓來自州政府的主要證人承認金恩的稅務資料無誤，並沒有虛假謊報。

數日後，陪審團迅速地做出決議，全由白人組成的陪審團，竟一致判決金恩無罪。這場意外的栽贓訴訟，最後竟然也換來意外的司法突破，原本黑人在法庭上是處於非常劣勢的不利地位，金恩卻能從法官、陪審團和原告都是白人的法庭中勝出，著實令人驚訝。

第十一章　結識甘迺迪，民權運動的堅實盟友

黑人得不到公民權，美國社會就永遠不會安寧。抗議的旋風會一直動搖國家的基礎，直到公義的光芒劃破黑暗的天際。

——馬丁．路德．金恩

一九六〇年六月二十三日，金恩博士拜會了準備參加總統大選的民主黨候選人約翰・甘迺迪（共和黨則是提名尼克森），兩人就民權問題做了不少討論。

該年是總統大選年，身為黑人民權意見領袖的金恩能夠影響許多黑人的投票意向。無論是誰，只要贏得黑人的支持，都是一大助力。

也唯有在選舉年，白人政客才會稍微照顧一下黑人。因此金恩並不急著表態自己支持的候選人，他還要多方觀察。他厭倦了政客在競選期間亂開支票討好黑人，選後就消失無蹤的戲碼。

金恩向甘迺迪坦言，如果他所籌組的新政府和艾森豪總統相去無幾，對黑人問題的態度依然如故，黑人問題可能會變得更加嚴峻。

雖然甘迺迪的態度上看起來對民權運動較為支持，對金恩所提出的各項議題也都表態支持，讓金恩耳目一新，但金恩還是不敢輕率地接受，畢竟黑人們以實際行動在街頭上努力都爭取不到的平等，政客們只靠動動嘴皮子就真的能夠替黑人贏得平等與自由嗎？

還有一點很重要。金恩一直記得，甘迺迪擔任議員期間，否決了一九五七年的民權法案。雖然甘迺迪與金恩的會面上，他表示因為一九六〇年爆發的占位抗議事件讓他重新想了很多，也真正體會到南方黑人所遭受的不平等待遇和羞辱。為此甘迺迪向金恩承諾，以後他處理黑人問題的態度將與以往大不相同。

金恩相信甘迺迪知道種族隔離政策有道德上的錯誤，且思想上也完全了解黑人的問題。只不過，那僅止於知識上的理解，甘迺迪本人對黑人的實際狀況了解甚少，也從未親身體會過黑人處於水深火熱的生活，還有黑人對於民權的渴望。

因此，金恩始終對公開表態支持甘迺迪持保留態度，遲遲無法做出最後的決定。金恩曾經說過：「光靠一張嘴就想達到黑白融合是不可能的，必須獻出身家性命去爭取才行！」

轉折是在數個月後兩人的再次會面。當時甘迺迪已經正式獲得民主黨提名競選總統，而金恩發現甘迺迪對黑人問題的見解變得深刻而明確，態度也顯得更為積極和熱烈，他並對金恩承諾，未來自己若當選總統，將會公正地處理黑人民權問題。

雖然讓甘迺迪轉趨積極關心黑人問題的原因，有可能出於甘迺迪在選戰上屈居弱勢——甘迺迪雖是基督徒，卻是大公教派（天主教），而非反抗宗（新教），而美國歷史上只有一位天主教徒總統，那就是日後的甘迺迪總統。也因此，可以理解，當時他的聲勢有多麼不利。

無論如何，第二次會面讓金恩對甘迺迪留下了好印象，朋友也都勸他表態支持甘迺迪。雖然金恩自己也坦言更欣賞甘迺迪的聰明才智與人格魅力，私人來說也很喜歡甘迺迪這個人，但他仍不甚願意公開表態支持任何一個政黨的總統候選人，因為黑人民權運動組織乃是無黨派的組織，身為領導人應該要公正公平而不偏袒任何一方。

金恩沒有表態支持甘迺迪其實還有一個原因，在於他的父親老金恩是尼克森的支持者，而尼克森是貴格會的基督徒。貴格會是非常早就致力於廢奴運動的一個教派，更在許多公共事務上採取開明態度。或許也因此，老金恩跟金恩一直相信，尼克森當選後能夠妥善處理黑人民權問題，老金恩更是直言不諱地公開表態支持尼克森。況且在當時，天主教徒的甘迺迪，實在很難贏得新教牧師的支持。

不過金恩本人倒是非常感謝甘迺迪在他被捕、下獄後的積極斡旋營救，也在事後發表聲明感謝甘迺迪出手相助（但還是沒鬆口表態會投給他）。而且在這次事件上，他發現反而平素更親近的尼克森（金恩和尼克森認識許久，平日裡有問題尼克森是會直接打電話找金恩聊的那種親密關係），竟然與他保持距離，形同陌路、完全切割。金恩赫然發現尼克森是個沒有勇氣堅持正確之事的人，平日狀況好的時候當朋友沒問題，出了事卻不聞不問。

自從那次營救事件之後，金恩開始出現也許甘迺迪擔任總統會更好的想法。

第十二章　占位抗爭被捕下獄，起因卻是交通違規

如果我們真的違法犯罪，也是為了將種族歧視問題暴露給有良知的亞特蘭大人了解，種族隔離是一種邪惡現象。

——馬丁·路德·金恩

一九六〇年十月，金恩在一次參加瑞曲百貨商店午餐櫃檯的占位靜坐運動中，與其他一同參與抗議的二百八十名學生一起被逮捕，引發社會輿論譁然。

這次抗議事件並非金恩博士發起，只是參加者的他，在四天後餐飲店的商人們撤銷告訴，其他參加抗議的學生全都被釋放之際，卻被送進了監獄。

原來是喬治亞州一個郡的官員聽說金恩被捕，便去函要求將金恩移交給他們。起因是幾個月前，金恩開車載白人小說家薇薇安·史密斯經過喬治亞州的迪爾卡布郡時，一名警察看到一名黑人和一名白人婦女同坐一輛車，便將之攔下。偏偏不湊巧的是，金恩的駕照剛好過期了，於是他被控告無照駕駛，罰款二十五美金，緩刑一年。

迪爾卡布郡的官員宣稱，金恩在緩刑期間內違法還遭到逮捕，違反了該郡的緩刑條例，因此必須將金恩逮捕，金恩被告上法庭，面對另外一場裁判。

其實當初的交通違規，金恩就已經被下獄五、六天，只是後來發現他在阿拉巴馬州的駕照仍未過期，才改為罰款，並判了觀察的緩刑。當時大家也都當成小事看待，畢竟只是交通違規，沒想到幾個月後，卻成了有心人大做文章的工具。

在迪爾卡布郡的官司，金恩被判六個月的強制苦役，不得假釋、不得上訴。當庭移送里茲維爾監獄，此一監獄專門收容重刑犯。金恩被移送時，全身被鐵鍊綑綁，抵達監獄後，還被丟入專門關押精神病犯與重刑犯的獨囚房，十分羞辱人。金恩不過是違反交通罰則的緩刑條例，卻被移送往專門關押重刑犯的監獄，而且位於3K黨群聚的地區，可謂「司馬昭之心，路人皆知」。

不過金恩並不膽怯也不害怕，他知道這是來自仇敵的迫害，是為了要打壓他對抗種族隔離政策的意志和決心。就算宣判一年、五年或十年，他也會入獄服刑，因為這樣的自我犧牲，最終將喚醒更多人的良知，投入廢除種族隔離政策的運動中。

當群眾發現金恩竟然因為緩刑期間的違規而被移送專收重刑犯的里茲維爾監獄，還判刑六個月且不准假釋與上訴，簡直氣炸了。很快地，SCLC發出譴責聲明，並要求總統候選人尼克森和甘迺迪表態。

結果金恩家的好朋友尼克森默然無語，連通問候電話都沒有，甘迺迪卻馬上致電懷孕中的柯瑞塔，了解事件的來龍去脈，知曉狀況後，極為憤怒的甘迺迪表示，會盡全力協助金恩脫困。

掛掉電話之後，甘迺迪隨即打電話給承審法官。金恩說他不知道甘迺迪到底對法官說了什麼，總之好像就是質疑法官「為何金恩不准保釋」，要求具體說明原因。大概法官自知理虧，金恩博士隔天就獲得交保釋放。

金恩當然知道，甘迺迪的幫忙有政治算計的考量在內，然而相較於不聞不問的尼克森，以及爭取黑人支持也許會掉更多白人選票，金恩還是佩服甘迺迪的道德勇氣。金恩在公開感謝演講上說道：「甘迺迪參議員如此作為，乃是需要很大的道德勇氣。他顯然是個倚賴原則做事，而非衡量利害關係的人。」

同年十一月，美國總統大選開始，甘迺迪最後以些微的選票差距當選美利堅合眾國第三十五任總統。和尼克森差距不大的選票當中，有百分之七十五的黑人選票投給甘迺迪，不能不說這和他盡力斡旋營救金恩博士沒有關係，即便獲釋後的金恩只有感謝而沒有公開表態支持甘迺迪。

不過金恩曾表示，如果一九六四年甘迺迪還競選總統，他會公開支持他。

甘迺迪就任總統之後，金恩隨即安排了與他會面，要求儘速通過各項民權法案。只不過甘迺迪另有考量，他對金恩說自己不希望在分裂而敵對的國會中提出關於黑人公民權的法案。如果要在國會提出法案，必須有足以支撐他推動法案的外在力量，他希望金恩提供他這樣的力量。金恩雖然對此一會談結果表示遺憾，但也同意提供甘迺迪在國會推動法案所需要的一切力量與協助。

其實甘迺迪政府初上任時，的確推動過一系列的民權改革，只不過反抗聲浪實在太大，到處受到抵制，以致推動改革的力量逐漸減弱，慢慢退出。

民間的黑人民權團體也沒有空等甘迺迪政府推動法案。一九六一年春天，在詹姆斯．法默（James Farmer）領導的「種族平等會議」（Congress of Racial Equality，簡稱CORE）上，對最高法院禁止在州際火車與公車站施行種族隔離法案的命令進行實際測試，好了解南方各州對於最高法院判決的實際接受狀況。

之所以展開此一測試，是因為黑人們知道最高法院的判決只是一張沒有實際效力的文書，南方的白人依然故我地執行種族隔離政策，這場測試能將現實的殘酷完整地凸顯出來，呈現在世人眼前。

這一測試，爆發了日後非常有名的自由乘客事件。

第十三章　自由乘客事件，武裝暴力攻擊襲向和平抗爭群眾

我不會調整自己去適應邪惡的暴力統治。我不會調整自己去適應種族隔離的罪惡與種族歧視的破壞。我不會調整自己去適應剝奪廣大群眾必需品，好滿足資產階級奢侈享受的不公平經濟體制。我不會適應軍國主義的瘋狂和自殘式暴力。我呼籲您們也不要去適應。

——馬丁·路德·金恩

一九六一年五月四日，第一批自由乘客從華盛頓出發，分乘兩輛州際公車，這兩輛車分別隸屬於旅途與灰狗兩家公司。人正好在華盛頓的金恩也前去送行，並與參加此次行動的年輕人擁抱及告別。他知道此行是艱鉅的挑戰，未必能全身而退，因而感佩這群年輕人的勇敢、堅定。

果不其然，當車行來到南卡羅萊納州時，麻煩找上門了。當巴士在羅克希爾城停泊，車上乘客魚貫走入白人專用的候車室時，這群年輕人遭到當地群眾的圍毆痛擊，一行人被打得頭破血流。然而當地警察也只是袖手旁觀，毫無任何作為。

當年的美國，南方州的司法檢調單位，非但不會逮捕毆打黑人的白人，甚至反過來逮捕被毆打的黑人。對南方州的白人來說，黑人一直是奴隸，不配擁有人權。非人的黑人被人毆打，好像動物被人毆打一樣，毆打的人是不會有罪的。如今看來十分不可思議，但是當年的道德常識就是如此運作。

暴力並沒有擊垮自由乘客的意志，他們繼續旅程，即便前方的道路更加艱難險阻。

五月十四日，兩輛巴士來到了阿拉巴馬州的安里斯頓城（Anniston）外時，一群配備武裝的暴徒包圍了其中一輛巴士。這群暴徒先是打破車窗，接著使用利器刺破輪胎，然後朝車裡丟擲汽油彈，司機和乘客連忙逃出車外。然而一到外頭便被一大群暴徒包圍毆打夾殺，血流成河。

另一輛巴士雖然驚險逃離了現場，卻在進入伯明罕市時遭遇前所未有的攻擊。一群3K黨的白人暴民，在兩名警察的監控下，將車上的旅客拖下車來，以鉛管、腳踏車鏈和棍棒將乘客打成重殘。其中車上的一名白人乘客詹姆斯派克被打得尤其嚴重，被白人戲稱為黑鬼同情者的派克，光是臉上的傷就縫了五十三針。

經此事件後，長途巴士客運公司不願再配合自由乘客，拒絕繼續行駛，這個實驗被迫中止。

不過其他人並沒有就此放棄。很快地又有第二批自由乘客從田納西州出發，目的地是阿拉巴馬州的蒙哥馬利市。他們知道，唯有堅持發車，繼續往前行，才能告訴對方，自己的意志沒有被武裝暴力擊垮，信念與自尊仍在，即便得拿性命交換亦在所不惜。

第二批自由乘客沿途十分平安，沒有遭遇任何攻擊，直到巴士駛入蒙哥馬利市的終點站，那裡已經有幾百名憤怒的白人帶著武器等著他們。憤怒的白人見人就打，黑人固然被痛毆，同情黑鬼的白人更是遭逢慘烈的教訓，就連甘迺迪總統派來的隨車觀察員約翰·沙金塞勒都被打到不省人事。

白人暴徒約莫逞凶毆打了車上乘客半小時之後，警察才姍姍來遲。但他們到了現場之後，也沒有逮捕任何人。當一名記者詢問現場警察，為何沒有呼叫救護車來救援時，當地警察局長沙利文說：「聽說城裡的每一輛救護車都剛好壞了，沒辦法前來救援。」

人在亞特蘭大市的金恩博士，透過電視新聞轉播得知了現場的慘狀，當下便決定要前往蒙哥馬利市馳援。

隔天晚上，金恩出現在拉爾夫的第一浸禮會教堂，上千名群眾擠爆會堂，前來聆聽金恩博士的演講。得知金恩來到蒙哥馬利的白人，也開始往第一浸禮會前進，最後有將近四千名憤怒的白人從外圍將教會團團包圍，憤怒地朝教會丟擲石塊，放火燒了附近的車輛，試圖以暴力威脅教會裡的群眾。

金恩擔心雙方人馬一不小心就爆發大規模的暴力衝突，趕緊致電司法部長羅伯・甘迺迪，請求協助。羅伯其實也早就掌握了現場狀況，並派出六百多名聯邦警察前往現場。只是警察抵達後發現雙方人數懸殊，真要動用武力制服白人群眾有其困難，只能勉強維持秩序，不讓兩方人馬正面起衝突。

得知情勢後的羅伯做了一個決定，他親自撥電話給阿拉巴馬州的州長約翰・帕特森，以強硬的語氣警告他，如果他放任不管、拒絕保護教堂裡的所有群眾包括金恩博士的安全，甘迺迪總統將親自派遣國民兵接管阿拉巴馬州，自己解決問題。

最後州長派出三百名警力，配合聯邦警察，向白人暴民投擲催淚瓦斯，展開驅散行動。直到深夜，白人暴民才逐漸散去，因為他們知道政府保護教堂內群眾的決心。

當教堂外紛擾不堪之際，教堂內的群眾卻是人人手牽著手，一起大聲唱著聖歌、禱告，尋求神的安慰，若即將到來的是可怖的傷害，也沒有人膽怯。

事後羅伯要求自由乘客們暫時不要行動，先讓局面冷靜下來。不過沒人理睬羅伯的呼籲，甚至嘲諷地回說：「我們已經冷靜超過一百年了，如果繼續冷靜下去，恐怕要凍僵了！」

自由乘客行動並沒有因此中止，金恩則負責四處募款，讓行動得以運轉下去。由年輕人自發性發起的自由乘客運動，在全國獲得極大的迴響，每一次遭受暴力攻擊之後就有更多人投入，如此堅持了兩年，南方白人們才逐漸接受黑人和白人可以同坐一輛公車的事實，巴士站逐漸變得安全，再沒有黑人因為搭乘巴士而遭到攻擊。

自由乘客事件讓金恩見識到媒體的驚人威力。透過電視和報紙傳送到全國的新聞報導，特別是3K黨白人暴民毆打黑人的畫面，激怒了許多原本沉睡中的公民之良心，越來越多人同情美國南方的黑人，越來越多人關心南方州的種族隔離問題，越來越多人要求聯邦政府落實黑人民權，越來越多人加入抗議活動的行列，成為受壓迫的黑人弟兄的奧援。

第十四章　奧爾巴尼抗議運動，金恩反覆被捕下獄

為了良知的緣故，就是坐牢也樂意。

——馬丁・路德・金恩

奧爾巴尼（Albany），喬治亞州的一個小城，過去曾經是奴隸市場，是黑人羞辱的印記。一百多年來，當地黑人遭受經濟、政治、教育、文化的壓迫，出沒公共場所遭人歧視，沒有投票權，沒有言論自由，沒有集會自由，嚴格奉行種族隔離政策。黑人被驅除出當地的公共生活之外，淪落為社會底層，難以翻身。

然而即便是這樣受到強烈壓制的小城鎮，黑人們也都決心挺身而出，加入金恩博士號召的非暴力抗爭行動。因為他們從蒙哥馬利奇蹟、青年占位抗議，還有自由乘客等事件上，看見有自尊的黑人的光景，願意為了美好的未來，投身抗爭行動。

一九六一年十二月，金恩接到來自奧爾巴尼的求助電話，因為當地兩萬七千名黑人決心開始行動，和平抵制一切種族隔離政策，展開示威遊行，拒絕再接受白人設定的種族隔離政策。金恩隨即趕赴奧爾巴尼發表演說，協助抗議活動運作，並親自參與遊行抗議活動。

奧爾巴尼的抗議行動是全方位的展開。如果被捕就入獄服刑，沒有被捕就靜坐示威抗議，並且抵制一切公共空間中的種族隔離政策，強行打破白人壟斷公共空間的不公義壓迫狀態，是所有南方城市中，第一個黑人全面響應抵制的地方。

奧爾巴尼市政府被突如其來的黑人全面抵制社會運作，搞得束手無策。黑人雖被貶入當地底層社會階級，只負擔藍領或低階工作，卻仍是社會運轉不可或缺的一環。當集體不合作運動發生時，社會秩序同樣會被癱瘓，並不能像平日假裝黑人並不存在般，假裝生活仍然能在良好的秩序中運轉。雖然當地的白人和市長很想這麼做，也擺出強硬的姿態，宣布關閉公園、游泳池、圖書館，假裝沒有事情發生，實際上卻是節節敗退，他們知道非同意黑人的訴求不可，否則日子將很難再順利地過下去。

奧爾巴尼的黑人決心告別次等公民的悲慘命運，不惜付出任何代價，包括自願入監服刑。如果黑人使用白人的空間即屬違法，那就使用白人的空間，然後宣稱：「逮捕我吧！把我關入監牢吧！」只要把監牢塞滿、塞爆，白人就得面對黑人不怕入獄，而且監獄空間不夠隔離犯罪黑人的事實，被迫面對黑人的訴求。

金恩博士也被逮捕下獄，罪名是非法從事集會遊行、擾亂治安，阻礙人行道。金恩也效法當地黑人，把牢底坐穿，拒絕繳付罰金，堅持入獄服刑。他做好了在牢裡過聖誕節的打算，和七百多名以同樣罪名被捕的黑人一同入獄。這一百多名黑人中，什麼社會階層的人都有：有七十多歲的老奶奶，有十幾歲的青少年，有醫生、律師、老師、藍領階級，也有家庭主婦。大家的目標一致，意念相同，不廢止種族隔離政策的桎梏，絕不罷休。

黑人們如今也知道白人試圖使用大量逮捕入獄和罰款的方式，讓黑人因籌不出罰款而入獄並膽怯，進而退出行動。為了抵制白人的計謀，黑人們決心入獄，不繳交罰款，堅持以不合作抵抗方式，癱瘓社會運作。他們十分明白，唯有如此才能爭取權益，否則黑人們的自由將遙遙無期。

監獄的環境當然不是什麼舒適溫馨的空間，關押黑人的地方更是惡臭沖天，髒亂且擁擠不堪，夜晚只能睡在陰冷潮溼的地板上，即便只是在裡面生活一天都很辛苦。金恩博士卻被判刑四十五天，而且服刑期間不准外出服勞動勤務，因為白人害怕這群黑人趁機抗議作亂。

不過金恩很快就被釋放了，因為有人代繳罰金讓他出獄。妙的是，付錢的人是當地支持種族隔離政策的白人與保守派的黑人團體，他們希望趕快送走亂源金恩，避免事態擴大。雖然金恩堅持和其他七百多名黑人弟兄姊妹一起坐牢，但白人警察可不是笨蛋，他們當然也知道繼續讓金恩關在牢裡只會點燃更多憤怒之火，收到罰金之後，不顧金恩博士的抗議與反對，立刻將他送出牢房，丟回大街上。

金恩事後回想，這還是第一次有人要送他出監獄而他卻自願留下來。然而沒多久，金恩就再次被送回監獄了。

七月廿四日，正當黑人群聚在街上進行和平示威，市政府派了警察來制止抗議活動進行時，有警察出手毆打一位懷孕的黑人婦女，抗議黑人群情激憤，開始有人還手，對現場執法的警察拋擲石頭和玻璃瓶，金恩擔心非暴力抗爭演變成暴力事件，立即宣布終止抗議行動。

接下來一整天，金恩開始積極奔走，走遍奧爾巴尼大街小巷，呼籲所有參與抗議活動的群眾，切莫以牙還牙，絕對不能以暴力還擊，否則將會輸掉更大的戰役。

正因為痛恨暴力施加在黑人身上，所以承受暴力的黑人才不能以暴力還擊。如果出手還擊，那就和施暴的人一樣了。

金恩並公開宣布，七月廿五日為贖罪日，他號召眾人在這一天替所有參與非暴力抗爭的黑人弟兄姊妹禱告，同時也替市政府中那些有良心的白人弟兄姊妹禱告，幫助所有人看清楚問題的核心在於制度造成的不公義和壓迫，並且願意齊心改變這樣的光景。

奧爾巴尼市政府眼見苗頭不對，不僅自身成為全國關注焦點，輿論壓力接踵而來，而且同情黑人抗爭的聲浪越來越大，遂立即對外宣布，贊成金恩博士所主張的非暴力（當然只有表面上），終於讓紛爭暫時平息。

然而兩天之後，七月廿七日下午，金恩再次被捕。連同金恩一起被捕的還有其他七位和金恩一起聯名向市政府發出呼籲，漏夜在市府大廳前禱告的黑人領袖。

逮捕金恩的警察局長普力切特還親口對他說：「來吧，博士，這次我不會讓你出獄了。」

金恩被捕當天，電視節目《記者訪談》的製作人勞倫斯．史匹瓦克隨即得知消息，並表示願意代為保釋金恩，卻被金恩婉拒了，因為金恩的夥伴們一致認為，金恩不該離開監獄。取而代之的是，金恩懇求史匹瓦克保釋同樣被捕的安德森博士。

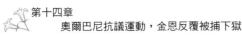

然而隔天下午還是有人出錢保釋了金恩。金恩則對警察局長表示不想離開的意願。七月廿九日星期天，金恩在牢裡帶領大家一起做了禮拜，讀了《約伯記》，以此和眾人互勉。

入獄期間，金恩得知甘迺迪總統大力促成奧爾巴尼市議員和黑人代表們舉行對話，深表欣慰，並立刻致電感謝總統。八月十日，金恩得知自己獲判緩刑，希望律師繼續上訴，卻被勸阻，建議不要讓市議員們太過難堪，保留黑人團體和市政府談判的空間，金恩同意了。

此外，由於金恩坐牢抗議的效果日漸蔓延，終於迫使奧爾巴尼市議會通過廢除種族隔離政策，從公共圖書館開始，陸續推動各公共空間廢止種族隔離政策。

總的來說，金恩博士認為奧爾巴尼抗議運動發生了一些意外狀況，並且差點釀成暴力對抗，起因於行前教育還不夠，以及非暴力抗爭的指導原則不夠明確具體，故必須深刻反省，找出問題癥結，進行修正和補強，避免日後重蹈覆轍。全面展開的抗議雖然看似聲勢浩大，卻也模糊焦點，並使運動的進展難以駕馭。如果可以重來一遍，他會希望將抗議聚焦在拒乘公車或占據餐廳吧檯座位，同樣可以喚醒世人關切，卻不至於失控難以收拾。

幸好奧爾巴尼事件沒有釀成大禍，也順利達成目的，並讓更多人看見白人堅持的種族隔離政策十分脆弱，只要黑人願意以非暴力抗爭方式堅持到底，勝利指日可待。

第十五章　前往死蔭幽谷，黑人的深淵地獄伯明罕

我仍然願意服從政府的權威——如果那些人學識比我淵博、做事比我能幹，甚至即便他們學識沒有比我淵博、做事也沒有比我能幹，我仍樂於服從——這種權威依然是有瑕疵的權威：嚴格來說，合理的權威必須獲得人民的認可與贊同。

——亨利·梭羅

奧爾巴尼的慘勝沒有讓金恩退卻，但他變得更加謹慎，時值南方各州黑人響應廢除種族隔離政策的狀況越來越明朗之際，但他絲毫不敢掉以輕心。

金恩與他的夥伴們開始研究南方各州的歷史，還有反抗運動的進展，最後決定將重心放在阿拉巴馬州的伯明罕，一個全美種族隔離政策落實得最徹底，黑人的命運最為悲慘的城市。他相信，假若死蔭幽谷般的伯明罕都能夠翻轉，則全美廢除種族隔離政策指日可待。

當時伯明罕的狀況有多糟糕呢？金恩是這麼形容的：「假若你在紀念黑人解放一百周年的四月三日之前來到伯明罕，你可能會誤以為這個城市與世隔絕了數十年，這裡的人從未聽過亞伯拉罕・林肯、湯瑪士・傑佛遜與《權利法案》，《美利堅合眾國憲法》與憲法修正案，更別說美國最高法院於一九五四年所做出的種族隔離政策違法的判決。」

一個黑人在伯明罕的一生大抵如下：

你將出生在黑人醫院，父母住在貧民區。你會上黑人學校，平日只能在馬路上玩耍，因為公園不對黑人開放。這裡沒有棒球比賽，因為棒球聯盟覺得伯明罕的種族問題太過嚴重，除掉了該市的席次，比賽不會來伯明罕舉辦。

如果你跟著父母去購物，有一個櫃檯無論如何不能過去。在商店區餓了或渴了必須忍耐，因為不賣食物或飲料給黑人。

只能去黑人教會做禮拜，而且教會裡不能談論民權議題。膽敢闖入白人教會，將受到冷漠的對待，彷彿你是不存在的空氣。雖然你的白人弟兄姊妹堅稱自己是基督徒，但在上帝的家中，白人和黑人必須隔離開來做禮拜，好像在公園、學校、圖書館、電影院或公車上那樣，必須隔離黑人跟白人。

如果你想找工作，很抱歉，體面的工作沒有你的分，就連高級藍領工作都輪不到你，只有粗活可以選（如果可以稱之為「選」的話）。就算僥倖找到不錯的工作，升遷與加薪也永遠沒有黑人的分。

如果你相信美利堅合眾國是民主國家，自己是美國公民，應該履行投票義務，你會發現自己無法登記投票，即便全市有百分之四十的黑人，卻無法投票選出自己心目中的市長和議員。

你所居住的城市的治安官，也就是伯明罕的警察局長，人稱「公牛」的尤金．康納，教訓起黑人來十分順手，從來不知道什麼叫做手下留情，即便你根本沒有違法。

走在路上要絕對小心，避開可疑的白人，因為他們能夠隨便毆打你、燒掉你的家，甚至割掉你的生殖器、殺了你，卻不會被逮捕，黑人的人身財產安全不受警察保護。當時，就有許多黑人教會和民權領袖的住家遭到攻擊炸毀。

就連部分白人都覺得這樣對待黑人未免太過嚴苛，卻是敢怒不敢言，否則會被視為黑鬼同路人而遭受教訓，除了直接訴諸肉體的毆打，還會剝奪你在白人社會裡的政治經濟地位，以及還算舒適溫暖的生活。

如果你是一九六〇年代住在伯明罕的黑人，上述光景就是你日常生活中的一部分。白人至上主義橫行，黑人是死不足惜的垃圾。白人在這裡直接施行恐怖主義統治，以絕對的暴力鎮壓一切不聽話與聽話的黑人。州長喬治．沃勒斯的名言：「今天種族隔離，明天種族隔離，永遠種族隔離。」全美最黑暗的種族隔離深淵。

即便在如此艱困的環境裡，還是有人膽敢挺身而出，對抗不公義的體制和白人的恐怖統治，那就是福瑞德．舒特爾斯沃（Fred Shuttlesworth）牧師。福瑞德牧師長得瘦高而結實，精力旺盛，堅毅的性格使他不畏強權、不願屈服，立下改變伯明罕、推翻「公牛」統治的心志。

福瑞德牧師早在一九五六年就自行組織了「阿拉巴馬基督教人權運動組織」（Alabama Christian Movement for Human Rights，簡稱ACMHR，後來成為南方基督教領袖大會第八十五個分會）。「公牛」當然不可能放任福瑞德推動民權，把福瑞德視為眼中釘，想方設法要對付他。

同年聖誕夜，福瑞德的住家遭受炸彈攻擊，被徹底毀壞。隨後他所服事的貝氏爾浸禮會教堂也被炸毀。隔年福瑞德的妻子遭到不明人士搶劫並毆打、刺傷，當然也是抓不到兇手。福瑞德還曾八度進出監獄，官方不斷以各種理由將他拘捕入獄，私人財產也遭到市政府公開拍賣。

即便當時的福瑞德外無奧援，只能孤軍奮戰，都沒能擊垮他。

直到一九六二年五月，南方基督教領袖大會在加達努迦召開委員會，正式讓福瑞德及阿拉巴馬基督教人權運動組織加入，福瑞德才得以和南方各州的黑人民權組織串連，獲得了強力奧援。

會議上還通過一項重要決議，要在伯明罕發起大規模的反擊種族隔離運動。金恩博士了解伯明罕一役將是黑人民權運動成敗的關鍵。如果連最黑暗的白人至上主義統治區都能解放，至此美國南方再沒有無法解放的區域。會議上將此次行動定名為C計畫，C代表為了伯明罕的種族關係與道德公平而戰。

通過決議後，金恩一行人到喬治亞州的薩瓦那附近舉行為期三天的退修會。在這三天裡，黑人民權代表們反覆討論接下來的抗爭運動的每一個步驟與執行細節，預測可能發生的意外狀況與應變之道，並將抗爭主軸定調在抵制商店與企業的消費。以拒絕消費的方式，抵制店家與企業的運作，從而形成實際上的財務壓力，迫使商人改變心態，接受種族融合政策。

另外，他們還制定了「非暴力抗爭十戒」，事先分發給每一個參加運動的人，要求簽署並遵守。

我謹在此宣示：

我願將全人奉獻給非暴力運動，恪守以下十條戒律：

一、每天思想耶穌的一生及其教導。

二、牢記伯明罕的非暴力抗爭乃是為了追求正義與和解。

三、上帝就是愛，日常言行必須充滿愛。

四、每天禱告，乞求所有人都能獲得自由。

五、犧牲個人欲望，以乞求所有人都能獲得自由。

六、對待敵人要像對待朋友一樣，恭謙有禮。

七、服務一切有需要的人。

八、罵不還口、打不還手，心不存邪念、手不使暴力、口不發惡言。

九、維持身體健康，做好長期抗戰的覺悟。

十、遵守本次運動的各項指令，服從遊行領導人的指揮。

兩週後，金恩博士抵達伯明罕，公布「伯明罕宣言」：

餐檯、廁所以及飲水臺立即取消種族隔離政策。

當地企業對黑人開放工作機會。

成立黑白人種共同參加的委員會。

訂出伯明罕廢除種族隔離政策的時間表。

在上述訴求未達到之前，黑人的示威遊行與抵制運動將會持續下去。首批靜坐運動選定在復活節前夕，於伯明罕商業區的五家百貨公司前展開。伯明罕湧進了大量報紙與電視臺記者，前來採訪示威抗議活動。為了確保抗議群眾的人數規模，不致因為被逮捕下獄而減少，金恩與其夥伴不斷對外招募人手。

運動開始一週後，已經有三百多人被收押入監。SCLC好幾位重要人物，包括金恩博士都收到法院的禁止令，不許繼續參加抗議示威活動，否則將遭到逮捕。但金恩知道收手是不可能的事，回頭已經太慢，而且只會被白人看不起。黑人弟兄姊妹們只有堅持到底，才能迎接勝利到來。

金恩決定繼續示威抗議，並且親上前線。

一九六三年四月十二日，耶穌受難日當天，金恩帶著五十名示威群眾來到市中心，逐步進逼警方的封鎖線，深入警方重兵布署的區域，直到「公牛」康納面前，金恩喝令五十名示威群眾一起跪下，開始放聲禱告。

「公牛」受不了金恩的挑釁，下令要求警察逮捕金恩及其同夥，金恩被單獨囚禁。

金恩入獄服刑時間，除了改由弟弟接手帶領群眾上街抗議，還發生了一件大事。報紙上出現一篇由八名阿拉巴馬州的白人基督徒領袖與猶太拉比共同簽署的聯合聲明，要求金恩和黑人停止抗議示威。金恩得知消息之後，決定為文反駁，利用律師帶給他的報紙與獄中的衛生紙，寫下了《來自伯明罕獄中的信》，交由來探望他的一位弟兄偷偷帶出去，再交由貴格會的一個外圍組織「美國之友服務社」印成小冊子對外發行。

《來自伯明罕獄中的信》雖成書於牢獄，卻是金恩博士闡述非暴力抗爭思想的精華。

伯明罕監獄來信（摘要改寫版）

親愛的牧師弟兄們：

就在我被伯明罕市監獄囚禁期間，讀到了您們在報上發表的聲明，批評我的行動不明智且不合時宜，有鑑於您們對我以誠相待，批評也相當誠摯，我決定提筆為文回應您們的聲明。

首先，關於局外人摻和的批評，身為南方基督教領袖大會主席，伯明罕對我來說並非局外，而是我們的一部分，況且我是因當地黑人弟兄的邀請而來，絕非局外人。

我之所以來到伯明罕，是因為這裡充斥不公義。正如使徒們離開本家本鄉，為把主耶穌的福音向地極傳播，我也要把自由的福音從自己的家鄉傳到四處，我必須對有此需求的人做出回應。

任何地方的不公義都會威脅到其他地方的公義，既然我們互為肢體，就不能無視落入不公義綑綁的弟兄，所有居住在美國土地之上的人，都不是局外人。

至於您們所譴責的示威遊行，很遺憾您們對示威遊行之所以發生的原因閉口不談。我相信您們不是只譴責結果而不追究原因的膚淺論述之輩。

所有非暴力抗爭活動展開之前，都有四個步驟需要完成：

一、蒐集證據，確認是否真有不公義的狀況存在。

二、談判。

三、自省。

四、最後才是訴諸行動。

在伯明罕，我們是通過上訴四項檢核之後，確認此處的種族歧視氣焰之囂張已經吞沒了這座城市。伯明罕是全美種族歧視最嚴重的城市，黑人弟兄在此遭受極大的不公平待遇和剝削，鐵證如山的情況下，才決定發起示威遊行抗議行動。

除此之外，我們已經別無選擇。我們獻出自己的身軀，為我們所將成就之事業鋪墊。

即便如此，展開行動之前，我們仍舊多次反覆自我探問：「能做到打不還手嗎？能忍受牢房的煎熬嗎？」

選擇在復活節推動抗議，著眼於購物能量之龐大，盼望以消費抵制的方式，對商人施壓，從而促成社會變革。

非暴力抗爭是為了促成一種緊張氣氛，好打開談判的大門，得以讓人們走出偏見和種族歧視的黑暗深淵，最終達成相互理解與和平對待的關係。

我們不是不給市政府時間，也不是不願談判，只是人類有史以來總是這樣，享有特權的群體很難自願放棄特權。期待市政府和白人主動放棄種族隔離政策的好處已經不可能，只好由我們推動的非暴力抗爭來促成一個契機。

壓迫者永遠不會自願給予被壓迫者自由，自由是需要被壓迫者自己去爭取的。

等待對黑人弟兄們來說已經是聽得太多太久的字眼，等待已經成了絕不可能的意思，被推遲的正義不是正義，為了得到憲法和上帝賦予我們的權利，黑人已經等待了三百四十年，目前仍有兩千多萬黑人弟兄，活在令人窒息的貧窮光景裡，我們無法再等待。

當你五歲的孩子問你：「爸爸，白人為什麼對我們那麼壞？」你得編謊話騙過去。當你一再聽到「黑鬼」與「小子」的羞辱，當你內心充滿恐懼與憤怒，當你長久屈居人下人的感覺之中，或許你就能理解為什麼我們不能再等待了。

我們的忍耐已經到了極限，我們不願再受困於絕望深淵、死蔭幽谷之中了，我盼望各位先生們能夠理解我們行動的迫切感、合法性與必然性。

法律有兩種，一種是公正的，另外一種是不公正的。我堅決主張應該服從公正的法律，而且每個人都應該服從公正的法律，這是法律責任也是道德責任。不過，反過來說，每個人也都有道德責任拒絕服從不公正的法律。我十分贊同奧古斯丁的話：「不公正的法律根本不是法律。」

公正的法律必然是人類制定的、符合上帝的法律，不致違背永恆的自然法原則，不會貶抑人性。任何貶抑人性的法律都是不公正的法律，任何高舉人性的法律都是公正的法律。所以種族隔離條例乃是不公正的法律，它傷害人的身心，扭曲人性，讓種族隔離分子自以為是人上人，讓受隔離的人自以為是人下人。它讓人降格到物的地位，不但在法律上站不住腳，從道德上來說也是錯誤的。

保羅．田力克說：「罪的結果就是分離。」種族隔離政策不正是人類悲劇性的分離、罪的客觀表現形式嗎？

不公正的法律是多數人或強權倚靠勢力迫使少數人群服從，而自己卻不受約束的法律——這是建立在差異之上的法規。公正的法律是多數人強迫少數人服從連他們自己也遵守的法律，這是建立在同一律上的法規。

我認為一個人要去推翻一項良知告訴他乃是不公正的法規，並且為了喚醒大多數人理解此一不公正而心甘情願坐牢，乃是他對法律最崇高的敬意。

公民不服從並非什麼新鮮事，《但以理書》中就存在著公民不服從的事例。聖徒們寧可面對飢餓的獅子和慘無人道的斷頭臺，也不願屈服於羅馬帝國的不公正法律。當年美國的休士頓傾茶事件，也是一次成功的大規模公民不服從行動。

希特勒在德國的作為都是合法的，匈牙利自由戰士的行為卻都是非法的。在希特勒統治的德國，幫助猶太人是非法的；即便如此，倘若我活在希特勒時代的德國，我還是會幫助我的猶太弟兄。如果我生活在極權國家，如果基督信仰的核心原則受到抵制，我會選擇公開反對那個國家的法律。

我的基督教和猶太教弟兄們，我必須向您們表白兩件事：

首先，我對白人的溫和派感到失望。在黑人邁向自由的道路上，他們是絆腳石。溫和派奉行的是秩序優先而非公正優先原則，好心人的膚淺認識，比心懷惡意之人的徹底錯誤更讓人沮喪。

我原本以為白人溫和派能夠了解，法律和秩序的目的是為了建立公正，而不是為了阻擋社會歷史變革的前進。原本我還希望白人溫和派能夠理解，南方的緊張局面是必經之惡。黑人要從逆來順受的悲慘命運轉向擁有人性尊嚴價值的和平社會的不得不然。

我們並不是令人緊張之氣氛的始作俑者，我們只是讓這一緊張氣氛呈現在公眾面前罷了，讓時局變得緊張的另有其人。我們只是希望把時局的問題攤在陽光下，讓大家集思廣益，提出解決辦法。

其次，對於非暴力行動促成了暴力行動的指控，更是不合邏輯。這簡直是譴責一個遭遇搶劫的人，說因為你的錢財造成了搶劫事件；簡直如同譴責耶穌按著神性而活，卻加速了祂被釘上十字架，一樣地荒謬。

社會必須保護被搶劫的人，懲罰強盜，而非相反。

時候已到，黑人應該獲得憲法賦予的基本人權，沒有任何理由可以延後落實這主張。

如果不是因為我們堅持主張非暴力抗爭，且獲得絕大多數黑人弟兄姊妹的支持，南方許多馬路上早已血流成河。如果黑人弟兄姊妹連非暴力抗爭都不被允許，悲憤之下轉趨暴力抗爭的手段，屆時事態恐將無法收拾。

受壓迫者必然有得釋放的一天。他們對這一天的渴望，就是黑人的渴望。黑人相信自己應該獲得這份渴望，沒有任何攔阻可以阻止黑人贏得自己應得的權利和尊嚴。黑人弟兄姊妹們已經忍無可忍，然而我仍勸勉它們應該以非暴力的方式發洩過往那些不滿的情緒，我這樣的作為反倒被冠上極端主義的大帽子。雖然這一開始著實令我感到失望，不過後來我仔細思考，反倒為這個標籤而得意。耶穌不也是一名博愛的極端主義分子嗎？「你們的仇敵，要愛他！恨你們的，要待他好！咒詛你們的，要為他祝福！凌辱你們的，要為他禱告！」

舊約先知阿摩司也是一名主持公義的極端主義者，「惟願公平如大水滾滾，使公義如江河滔滔。」保羅則是宣揚基督福音的極端主義者，「我身上帶著耶穌的印記」。馬丁・路德、約翰・班揚、亞伯拉罕・林肯、湯瑪斯・傑佛遜全都是極端主義者。於是乎，問題不在於成為極端主義者，而是成為哪一種？我們是極端的愛，還是極端的恨？我們是極端地維護不公義，還是極端地伸張正義？

我原本一直希望溫和派的白人弟兄能夠看見黑人弟兄的需要。也許是我太樂觀、期望太高，我該早些想到，壓迫階級中從來只有極少數人能夠了解被壓迫階級的苦難與渴望。

還好值得感恩的是，總還有一些南方的白人弟兄姊妹理解這場運動的意義，願意捨命相陪、投身其中。與溫和派白人弟兄姊妹不一樣，他們了解運動的急迫性與必要性，知道這場運動將是種族隔離問題的解藥。

另外一件叫我失望之事，是白人教會的領袖。儘管少數白人領袖還是令人欽佩，然而多數白人教會的領袖對我們的需要視而不見。從蒙哥馬利拒乘運動開始，我就渴望南方白人牧師、神父與拉比的支持，可惜事與願違。不只有人站在反對派那一方，不願理解黑人弟兄姊妹爭取自由的渴望，甚至還執意歪曲運動領導人。有些人則是緊閉門窗，對外面正在發生的事情充耳不聞，躲在教會的保護傘底下。

儘管我的夢想破滅，但當我來到伯明罕時，仍然希望當地的白人宗教領袖能看見此一運動的公義性質，且願意出於真心誠意而關心，權充我們與權力機構的緩衝及媒介。原以為您們可以理解，但我又再一次失望了。

我渴望聽見白人宗教領袖斥責種族隔離政策，宣告種族融合才是符合信仰與人類道德，因為黑人也是白人的弟兄姊妹。可惜我失望了。我在抗議的過程中，聽到太多白人牧師說，「那是社會問題，和福音無關。」這根本不符合《聖經》教導。

每當我路過南方的美麗教堂，總是抬頭仰望教會與天空，尋思這間教會裡都是一些什麼樣的基督徒？敬拜的是哪一位上帝？為何當世人口吐狂言、大讚種族隔離政策時，沉默無語，不願挺身而出來反抗壓迫黑人弟兄姊妹的當權者？當黑人弟兄姊妹傷痕累累、體力不支而倒下時，為什麼得不到這些人的奧援？

這個問題至今仍困擾著我，我為教會的漠不關心感到極度失望。不過，我並沒有因此而背棄教會，正因為熱愛教會，熱愛上帝，才會流下愛的眼淚，才會感到失望難過。我把教會視為耶穌的身體，耶穌怎麼會對種族歧視問題視而不見？除非這具身體已經受到嚴重的玷汙、損傷。我是因此而流淚，為了疼惜教會而流淚。

教會曾是那麼強大，早期的基督徒為了信仰而殉教也是歡歡喜喜地接受。當年教會是社會思想的原則標竿，是社會道德的調溫器。早年的基督徒所到之處，當地的權勢階層就會驚恐不安地為這些人安上擾亂者、煽動者的罪名，試圖剷除之。然而只要有基督徒受到逼迫，其他地方的弟兄姊妹必然趕來馳援，因為它們堅信天國福音與上帝同在，根本不會恐懼邪惡勢力的逼迫。

現在的情況截然不同了！當代教會的聲音微弱、缺乏自信，遇事沒有原則，對社會毫無影響力。只想保持現狀，不想惹麻煩上身。對於現狀總是默認，拒絕干預。

教會如果無法找回起初的犧牲精神，將喪失其真實性，丟失信徒的信賴，被視為毫無意義的社會俱樂部，被世人唾棄，不屑一顧。越來越多年輕人選擇離開教會，因為教會丟失了糾正世道錯誤的道德勇氣。

當前教會與世界的緊密關係，難道是為了拯救世界免於沉淪嗎？

還好教會當中仍有一些人，敢於為了衝破桎梏而積極參與民權運動，絕不委屈求全。他們走出自己的安全居所，和我們一起上街抗議，有一些人甚至和我們一同進監牢，承受不公義的逼迫。即便他們的牧師、主教和拉比並不支持他們的作為，也不退卻。寧願因真理而失敗，也不願因邪惡而取勝。我在他們身上看見了希望的曙光，得以度過漫長黑暗的隧道。

我懇切地盼望，教會將以合一的整體來迎接關鍵時刻的挑戰，雖然如今還有很多教會在觀望，但我仍然對未來充滿盼望。即便我們現在遭受誤解，我對未來的結果也仍然保持樂觀。我們一定會在伯明罕乃至全美各地實踐自由的夢想，因為自由是美國的夢想。即便得承受謾罵與輕視，我們也無所畏懼，因為我們的命運是美國的命運之所繫。

兩百多年來，我們的先祖一直在這塊土地上努力勞動，他們的勞動成果支撐美國南方經濟的發展，即便他們獲得的回報是不人道的對待與壓迫，還是協助其主人建造了溫暖的家園。

黑人就在如此艱困的環境中頑強地存活了下來，一代接續著一代，沒有被苦難折磨所打倒，因此我們一定能夠贏得自由。

最後，最讓我難過的一點，白人弟兄們怎麼能夠如此熱情地讚許那些為了「維持秩序」和「防止暴力」而放任警犬撕咬手無寸鐵的群眾的警察？如果當您們看見他們是如何慘無人道地對待年幼的孩子與婦人，對年邁的長者拳打腳踢，拒絕給被關進監牢的黑人食物，依然會贊同他們的行為嗎？

當群眾保持非暴力時，為何他們仍然使用暴力相向，而您們卻讚許那些暴力行為？用不道德的手段維護道德目的，同樣是錯誤的。

為何您們不讚揚即便被暴力擊打也不還手的黑人弟兄姊妹們？他們表現出真正的克制和道德勇氣，他們才是南方真正的英雄。

蒙哥馬利拒乘運動期間，七十二歲的老太太堅持徒步通勤，不搭公車也不接受其他人的幫助，別人問她累不累時，她卻堅定地回答：「我的腳很累，可是心裡很平安。」她或許沒有多少您們所謂的文化，卻是充滿道德良知。

許多人就算因此被關進監牢也心甘情願，為了良知的緣故。

我相信有朝一日，南方的人民終將覺醒，將為這些爭取平等而靜坐抗議的孩子們挺身而出，這不但是為了美國夢而戰，也是為了捍衛猶太基督信仰遺產中最神聖的核心價值奮戰，最終將把國家帶回偉大的民主思想的根源，立國的先哲們在撰寫《憲法》與《獨立宣言》時已經置入其中的思想。

這是我生平寫過最長的一封信，很抱歉得占用您們寶貴的時間來閱讀，如果我能在舒適的書桌上來寫這封信，肯定能精簡得多。畢竟當一個人被困在狹小的牢籠中，除了長篇大論、良久思考、向神禱告外，還能做些什麼呢？

如果信裡的任何內容有言過其實之處，如果信裡的不滿情緒太過氾濫，還請見諒。

我希望這封信能見證您們堅定的信仰。我希望有機會和您們每個人見上一面，不是以主張取消種族隔離制度的領導人的身分，而是您們的牧師同道，您們的主內弟兄。讓我們共同期盼，種族歧視的烏雲不再罩頂，仇恨的濃霧不再籠罩伯明罕，在不久的將來，洋溢著關愛的手足之情將燦爛如繁星，以美麗的光輝，照耀我們共同的偉大國家。

您們的自由平等戰士
馬丁・路德・金恩
一九六三年四月十六日

金恩獲得保釋出獄後，發現抵制運動的人潮正在潰散，示威活動已經停擺，願意堅持下來的人少得可憐。金恩和SCLC的夥伴們為此感到憂慮，擔心行動在此受挫而停擺。沒想到，意料之外的青年援軍，就在此時加入了。

五月一日，上千名青年出現在第十六街浸禮會教堂，以兩人一排的方式，肩並肩地排成隊伍，放膽無懼地一邊高歌一邊往伯明罕市中心前進，等到當天遊行結束，十分之九的孩子被逮捕。

大規模逮捕擊垮了遊行青年的意志嗎？

非但沒有，反而聚集了更多具備道德勇氣的青年人。

隔天街上出現兩千五百多名年輕人，甚至有小女孩跟著媽媽一起上街抗議，人人身上都穿戴寫有「自由」標字的臂章，照樣兩人一排，肩並肩地在伯明罕大街上遊行示威，高聲呼喊「我們要自由」。

「公牛」自然不可能放任青年們繼續胡鬧下去，他動員大批警力和警犬，以及配備高壓水槍的消防員，部署於青年們必經之路，一旦確認青年們不聽勸阻回家，便動用優勢武力強行驅逐。

青年們當然無視「公牛」的警告，而「公牛」也毫不客氣地下令讓消防員以高壓水槍攻擊孩子，放任警犬撕咬抗議青年，許多青年的衣服被撕爛、身體被咬傷，還有許多人被強勢武力攻擊而受傷倒下，並有超過兩百名示威青年遭到逮捕。

「公牛」以為自己贏了，成功擊潰了遊行示威的青年軍。沒想到當天晚上，數以百萬計的美國公民在電視新聞上看見了「公牛」的作為，看見了執法單位如何動用優勢武力攻擊手無寸鐵且毫不還擊的示威群眾。應該要維持秩序的警察卻高舉棍棒毆打已經倒在地上的婦女，警犬凶猛地撕咬青年學生，這些影像一幕又一幕地穿透了美國人民的心，震撼了美國全境，觀看新聞的人們，彷彿自己的家人遭受攻擊，彷彿自己挨了悶棍那樣地沉痛。

雖然還是有人批評金恩利用孩子們作秀，然而甘迺迪總統已經公開表示：「我終於了解為何伯明罕的黑人弟兄們厭煩了人們奉勸他們要有耐心等待改變。」並隨即下令要求司法部專責處理公民權利的助理司法部長柏克．馬歇爾前往伯明罕，協助處理這次的示威抗議事件。美洲大地上的憤怒之火，隨著青年們被警察毆打痛擊而越燒越烈。就連伯明罕的白人，也開始保持中立，不再支持「公牛」的作為。

孩子們則無懼於「公牛」的暴力威嚇，繼續上街遊行示威，且人數規模越來越龐大。

五月五日當天，伯明罕的一群牧師，帶著超過三千名以上的青年人上街，朝著伯明罕監獄前進，希望在監獄外替獄中的人們禱告。一行人走到「公牛」設下的路障前，集體下跪，開始放聲禱告。最後，查理．比魯斯牧師站了起來，開口對「公牛」說：「我們是不會回頭的，因為我們沒有做錯事。我們只是爭取屬於我們的自由。放出你的警犬吧！讓牠們來撕咬我們。打開你的消防栓吧！用你們的水槍來攻擊我們。但無論如何，我們不會後退，只會繼續前進！」

說完，三千多人一同起身，朝著「公牛」步下的路障前進。「公牛」憤怒地要求警察發射水槍攻擊。然而神奇的事情發生了，當比魯斯牧師帶領的遊行群眾走近路障時，消防員及警察們自動讓開了一條路（彷彿摩西分開紅海一樣），且沿途可以看見許多消防員及警察都在掉淚哭泣。遊行群眾順利地通過路障，抵達監獄門前，完成禱告之後，平安離去。金恩目睹當天的行動，深知非暴力抗爭的精髓已然深入抗議示威遊行的群眾之中。

遊行一週之後，已經超過兩千人被逮捕，監獄人滿為患，再也無法容納這些「罪犯」。這是民權運動展開以來，第一次發生把牢坐穿坐滿的情況。然而上街抗議的群眾人數規模還在上升。有鑑於此，伯明罕市的一些白人領袖組成了一個臨時委員會，由助理司法部長馬歇爾擔任雙方調停人，打算接受黑人的要求，廢除餐廳、廁所、試衣間等處的種族隔離制度；企業承諾僱用黑人，且讓黑人擁有加薪與升遷機會。

遺憾的是，白人領袖代表和黑人達成協議的隔天，便有一些憤怒的白人跑去炸了金恩博士胞弟阿爾佛雷德的家，還有金恩博士停留在伯明罕時居住的旅館（還好金恩博士當時人正在亞特蘭大探望家人而未遭受波及），此舉讓許多黑人感到悲憤，紛紛湧上街頭抗議，結果有警察被刺傷，公寓和商店大樓遭到縱火。

金恩聽聞黑人暴動，隨即趕往伯明罕安撫群眾，呼籲停止暴力，貫徹非暴力抗議精神。金恩在一場大規模的集會上發表演說：

即便面對警犬和水槍，我們也要堅持下去。

我們要堅持下去，因為我們已經點燃伯明罕無法用水澆熄的大火。

我們要堅持下去，因為我們愛伯明罕，愛民主制度。

我們要堅持非暴力手段，不要為你們在監獄裡的孩子擔心，因為全世界都瞪大眼睛關注著這裡發生的事情！

此外，聯邦政府擔心事態繼續擴大，五月十三日，甘迺迪總統派出國民軍進駐伯明罕市周圍，以穩定伯明罕的情況。

五月廿二日，阿拉巴馬州最高法庭通過一項決議，將「公牛」尤金．康納和他的核心幕僚免職，且不准其往後再擔任政府公職。

同年六月，甘迺迪要求國會通過新版的民權法案，賦予所有美國公民公正而平等的權利。伯明罕的抗爭行動，終於獲得了具體的成果，雖然到真正落實在日常生活還有一段時間，但改變真的已經發生。

最令金恩感到欣慰的是全美黑人教會、牧師、群眾，還有部分民權領袖、藝文工作者、體育明星和演藝人員，在伯明罕抗爭期間的空前團結，竭盡所能地將物資和經費源源不絕地送往伯明罕，甚至願意一同坐牢，對抗不公義的制度。

打鐵趁熱，金恩和一群宗教、勞工團體開會決議，準備在華盛頓策劃一場大規模遊行示威，促成黑人投票權的實踐。

第十六章　前進華盛頓，「我有一個夢」撼動人心

終於自由了，終於自由了！感謝全能上帝，我們終於自由了！

——馬丁・路德・金恩

伯明罕示威運動之後，美國社會開始認真思考黑人民權的議題。政治人物被迫表態，不得迴避。公民們也開始熱烈討論。無論贊成還是反對，都得給個意見，不能再沉默以對。

一九六三年夏天，黑人對種族隔離政策發起的總攻擊，成了翻轉黑人命運的關鍵時刻。黑人領袖菲利浦・倫道夫提議，在華盛頓發動一場大規模遊行，凝聚各方勢力，在華盛頓對各政黨的政治人物施壓，迫使其表態的同時，也可團結全美黑人與支持黑人的力量，與反對派一決勝負。

爭取自由的聲音響徹美洲大陸，一九六三年八月廿八日，超過二十萬的各色人種，以及支持黑人民權運動的各界名流，全都秩序井然地群聚在華盛頓特區，展開遊行示威。

最令金恩博士感動的是，白人教會終於也一起參加這次遊行。白人基督徒熱切地奔走與積極地參與，成為凝聚黑白種族融合的和平大使，美洲大陸上最有影響力的教會空前團結，丟棄各教派之間的差異，共同為了一個目標——受壓制的黑人弟兄得自由——投身運動，沒有人喊苦。

反而是美國勞工聯合會，原本應該支持勞工權益的組織，卻選擇中立，不參與這次遊行。還好有其他國家的勞工團體紛紛發表響應聲明，也派代表前來共襄盛舉，讓美國的黑人弟兄們感受到來自世界的溫暖與關懷。

一行人最後來到林肯紀念堂前，由馬丁・路德・金恩博士發表演說。一九六三年的金恩博士異常忙碌，不辭辛勞與舟車勞頓，發表演說高達三百五十場，為了黑人民權運動在全美四處奔波。然而，八月廿八日這一場，毋寧是最震撼人心的一場，這場演說的主題，就是日後舉世聞名的「我有一個夢」。

今天，非常榮幸，能與大家一起，參與這場注定要載入美國歷史、爭取自由的示威遊行活動。一百年前，曾經有位了不起的美國人，就是此刻我等立足之地所紀念的人，他簽署了一份《解放宣言》。就是這份文件，宛若希望燈塔，照亮當時仍然陷於不公不義之黑暗悲慘、泯滅人性的種族歧視中的數百萬黑奴，得以終結漫長的黑夜，進入光明之所在。

然而，很不幸的是，一百年後的今天，我們必須面對殘酷現實——黑人仍未獲得自由。一百年後的今天，黑人仍受種族隔離的手銬與種族歧視的腳鐐綑綁，過著非人般的生活。一百年後的今天，黑人在物質豐裕的美國，仍過著貧困缺乏的日子。一百年後的今天，黑人仍在美國社會的陰暗角落垂死掙扎，在自己的本族本鄉流亡遷徙，彷彿被放逐的罪人。

這是今天我們來到這裡的原因，我們來向世人揭開此一悲劇的真相。這是今天我們來到這裡的原因，我們來到合眾國的先賢們群聚寫下《美國憲法》的首都所在地，要求兌現這張支票。當年先賢們簽署了一張支票，我們同樣也是這張支票的繼承人，我們有權兌現。這張支票承諾所有人，無論是黑人或者白人，都擁有不可被剝奪的生存權、自由權以及追求幸福的權利，這些權利必須被保障且履行。

這是為什麼我們來到這裡的原因，當今的狀況業已顯明這個國家的有色人種黑人公民還不能兌現這張支票。因為我們的政府不打算讓我們兌現，只給了黑人同胞一張餘額不足、無法兌現的空頭支票。然而我們不相信，公義的銀行竟會破產，無法兌現民權的支票；我們不相信，在這個富裕的國家中竟沒有足夠的資金兌現這張支票。所以我們來了，我們來到此地，要求兌現支票，兌現可以保障我們的自由與公平的支票。

我們來到這個神聖之地，還有一個理由，便是要提醒美國政府，當前的情況已經十分危急，不能再用任何冷卻衝突加溫的手法來抑制或拖延改革的進程。就是現在，現在就是兌現民主的時刻。時候已經到了，走出種族隔離的死蔭幽谷，奔向種族平等的金黃色大道。時候已經到了，廢止搖搖欲墜的種族歧視政策，建立一個堅實的兄弟同盟國度。時候已經到了，該讓所有上帝的兒女實現自由平等了。

假若國家繼續輕忽事情的急迫性，後果將令人不堪想像。黑人不滿的炙熱情緒將會繼續延燒，在秋高氣爽的自由平等來臨之前將不會平息。覺得黑人沒必要大驚小怪反而應該知足的人們，將會大吃一驚，如若國家真的退回原來的光景。黑人得不到公民權，美國社會將永不得安寧，抗議的旋風將會一直持續下去，直到動搖國家根基，讓公義的光芒劃破黑夜，讓光明降臨大地。

有些話我必須向正站在通向公義殿堂溫暖門檻的朋友們說——在爭取權利的過程中，絕不能以仇恨的態度作為滿足我們渴望自由的願望。我們絕不啜飲仇恨的苦杯來緩解對自由的渴望，我們自始至終都將站立在尊嚴與自律的高度上展開抗爭。我們絕不能讓如此富有創造力的非暴力抗爭行動，降格為肢體暴力衝突。非但如此，我們還要一次又一次地在肉體與精神的爭戰中，拔升到更加莊嚴神聖的境界，以靈魂的意志抵制對手的暴力施壓。

千萬不要為了黑人群眾所展現的戰鬥氣息，而對白人產生不信任的態度。今天有許多的白人弟兄出席這場聚會，正說明了他們逐漸意識到，他們和我們的命運緊密交織，不可分割，我們將共同攜手前行，決不再單獨行動。我們必須聯合黑白兩大種族，義無反顧地一路前行，不再回頭。

或許會有人探問熱心民權運動的人：「何時你們才肯滿意、停手？」

只要黑人還生活在警察的恐怖野蠻暴力之下，我們絕不停手。只要黑人還得拖著疲倦身軀奔波在高速公路而不能投宿汽車旅館，我們絕不停手。只要黑人的活動場所還是從一個貧民窟移動到另外一個貧民窟，我們絕不停手。只要我們的孩子仍被黑人止步的牌子羞辱，被剝奪尊嚴，我們絕不停手。只要密西西比州的黑人還沒有選舉權，而且紐約的黑人認為自己投不投票都一樣，我們絕不停手。

不，我們絕不停手！除非公平如大水滾滾，公義如江河滔滔，在全地奔流不息，否則我們絕不停手。

我當然也知道，您們當中有些人才剛剛脫離各種痛苦挾制，有的人剛從狹窄牢房斗室中釋放，有的人則是為了獲得自由而遭到迫害追殺，受到警察暴力相向，歷經各種艱難險苦才趕到此地。您們都是飽經非人道對待之苦難的沙場老手，您們早就承受這類人為痛苦多年，以肉身承受種族壓迫的暴雨轟炸。但是，還請您們務必要堅定信念，不該承受的不合理痛楚與苦難，終有一天將會獲得甜美的補償，還請繼續堅持奮鬥下去！

請您們回去吧，回到密西西比，回到阿拉巴馬，回到南卡羅萊納，回到喬治亞，回到路易斯安那，回到北方城市裡的貧民窟和黑人區，我們知道並且深具盼望，慘狀可以改變，且一定會改變。

我們不必再生活於絕望的死蔭幽谷之中。親愛的朋友們，儘管此刻我們仍得面對艱難險苦，未來充滿重重挑戰，但是我有一個夢，這個夢深深扎根於美國這個偉大的國家，我相信這個國家必將再次崛起，實踐其建國信念，即所有人生而平等。

我有一個夢，有一天，喬治亞的紅山之上，奴隸和奴隸主的兒女們可以像兄弟姊妹一般同桌共席，平等對待如友。

我有一個夢，有一天，就算是種族歧視如水深火熱般的密西西比州，也能蛻變成流淌著自由和公平的綠洲。

我有一個夢，有一天，我的四個孩子能夠生活在一個不再以膚色論斷人，而是以品格操守評判人的國家。

我有一個夢，有一天，即便是充斥邪惡種族主義分子、州長都能口出狂言違反聯邦政府命令的阿拉巴馬州，黑人小男孩小女孩們，可以和白人小男孩小女孩們像兄弟姊妹一樣，共同玩耍嬉戲。

我有一個夢，有一天深谷將被填平，高山將被夷平，粗礪之地將被磨成平原，曲折之地將被拉直如矢，上帝的榮耀得以再次彰顯，四海一家。

這是我們共同的願望，也是我們將帶回南方的信心。

有此信心，我們將能鑿穿絕望的山壁，成就希望的磐石。

有此信心，我們才能將國家內的種族傾軋之喧鬧，譜寫成動人的交響樂章。

有此信心，我們便能一同做工、一同禱告、一同奮戰、一同昂然入獄、一同為了自由持續抗爭下去，因為我們知曉自己終將獲得自由。

終將有一天，所有屬神的子女都將以全新的意義唱出此曲：

我的家鄉，我美麗而自由的故鄉，讓我為你歌唱，這裡是我父長眠之地，是開國先哲自豪之處，自由的鐘聲將要響遍每一座高山與深谷。

如果美國是一個偉大的國家，我的願望必然成真！

所以，讓自由的鐘聲從新罕布夏的巔峰響起吧！

讓自由的鐘聲，從紐約的崇山峻嶺中響起吧！

讓自由的鐘聲，從賓夕法尼亞州那高聳的阿利根尼山響起吧！

讓自由的鐘聲，從科羅拉多州那靄靄白雪的落磯山響起吧！

讓自由的鐘聲，從加利福尼亞州那蜿蜒崎嶇的山巒響起吧！

不只如此，讓自由的鐘聲從喬治亞州的巖山響起吧！

讓自由的鐘聲，從田納西的遠眺山峰響起吧！

讓自由的鐘聲，從密西西比的每一處山丘與山峰響起吧！

當我們把自由的鐘聲敲得如此響亮，響徹每一個村落、農莊、州城，我們肯定能夠加速讓自由的日子降臨。

只要所有上帝的子女們，無論是白人還是黑人，無論是猶太人還是非猶太人，無論是天主教徒還是基督徒，都能攜手同唱那首古老的黑人靈歌：「終於自由了，終於自由了！感謝全能上帝，我們終於自由了！」

華盛頓大遊行和金恩博士的演講，在美洲大陸掀起巨大的迴響，不但全國性新聞媒體爭相報導，人們也都熱烈討論著。許多白人更是透過這次的遊行活動了解了黑人的困境和訴求，並且從原本的冷漠不關心轉而支持黑人爭取民權，黑人得到越來越多的支持，全世界都看見美國黑人在首都特區爭取自由的行動了！

為此，甘迺迪總統也將原本要擱置的黑人民權法案，當成最優先法案，送入國會。

第十七章 盟友倒下，約翰·甘迺迪遇刺

我們已故的總統是被道德上的險惡氣氛所殺害的。

——馬丁·路德·金恩

華盛頓遊行雖然給了美國政府一定的壓力，卻也引起民間白人激進團體的不滿與反彈。

一九六三年九月十五日，正當伯明罕抗議事件逐漸平息落幕，人們以為和平已經來到之際，不幸事件再度上演。第十六號大街上的浸禮會教堂遭人投擲炸彈，炸死了四名正在參加主日學的四歲黑人小女童。非但如此，警察公然在馬路上殺害了一名黑人男孩，而激進白人分子則突然無預警地殺害了一名騎腳踏車的黑人男孩。剎那之間，黑白種族雙方的情緒各自飆漲到極點，隨時可能爆發大規模衝突。

金恩得知噩耗後，十分難過，痛心那些無謂的暴力對人命的傷害，更憂心爭取民權之路的遙遙無期。這不是已經獲得改變的城市嗎？怎麼苦難又重新降臨？而且還是由最無辜的孩童來承受？他忍不住發出哀號：「上帝啊，當炸彈落地的時候，您究竟在哪裡？」

他當然了解，爭取自由需要付出代價，每一次也都有生命烈士為此而獻身，為更多人帶來希望。但是，那些殉道者畢竟是自願選擇這條道路，與那些無辜的孩童又有何干係？更令他感到悲憤的是，沒有任何一名白人官員出席這些無辜枉死的黑人孩童的喪禮，沒有人願意致意，更別說道歉。就連牧師，也只有少數白人挺身而出，多數人仍然選擇冷漠以對。

金恩把這些孩子當成爭取自由和人類尊嚴的神聖運動下的烈士，他們以死向社會發出警告，那些仍然膽怯無用地躲在教堂彩色玻璃後尋求庇護的傳道人，那些用仇恨和種族主義思想玷汙憲法的政客，那些向美國南方各州施行非民主暴力的北方共和派右翼妥協的政府，和那些袖手旁觀的黑人。

烈士們更對積極爭取民權自由的黑人發出呼籲，以死要求大夥必須更加努力地實踐這個美國夢，不讓悲劇再度發生，讓真正的平等在美國各處開花結果，不再有人因為種族歧視而受傷。

雖然對方始終以暴力攻擊，金恩仍然一次又一次地呼籲大家以非暴力的方式回應。即便已經被剝奪了自由和安全，身處孤立無援、隨時會被攻擊的狀態，即便越來越多黑人心生不滿而想要還擊，金恩仍然堅持非暴力主義，絕不還手。

當然金恩知道必須替黑人取得更有力的保障，光是精神喊話無法長久支撐下去。於是他再度前往華盛頓面見甘迺迪總統，要求總統保護南方各州的黑人。

遺憾的是，即便身為美利堅合眾國的最高領導人，約翰‧甘迺迪仍然無法躲過暴力攻擊的傷害。一九六三年十一月廿二日，總統在其車隊行經德州達拉斯街頭時，遇刺身亡。

聽聞噩耗的金恩十分悲痛。雖然甘迺迪總統似乎仍在迴避黑人民權問題，而未簽署他所承諾的民權法案，但他已經是對黑人民權運動最為友善的總統，多次派人保護黑人在南方的遊行示威活動，還親自幫助入獄的金恩脫困。況且，甘迺迪總統對於黑人爭取自由民權的立場，逐漸轉趨支持。於己有恩，且對黑人友善的總統，卻不幸遭刺身亡，在這個國家仍處於動盪不安之際，著實令金恩感到痛苦難過。

是何人基於何種原因動手刺殺甘迺迪總統？金恩認為，甘迺迪總統其實是被美國社會道德上的險惡氣氛所殺害。「我們已故的總統是被道德上的險惡氣氛殺害的。在這種氣氛裡，誣告如洶湧的波濤，仇恨似怒吼的狂風，暴力像疾風暴雨，人們遭遇不同意見就失控發飆，透過暴力與謀殺來表達不滿。」這樣的氣氛殺害了密西西比州的六名黑人孩童，同樣殺害了甘迺迪總統。

金恩認為全美國都是殺害甘迺迪總統的共犯，因為「我們沉默，甘願向原則妥協，始終企圖以漸進主義的潤滑劑去治療種族歧視這個惡性腫瘤。我們樂意人們任意購買武器，隨意對人開火。允許電視節目教育孩子，英雄就是擅長開槍殺人的能手。我們對所有一切採取放任無所謂的態度，我們讓暴力與仇恨成為大眾娛樂活動主流。」

甘迺迪用生命告訴所有人，仇恨意識的毒害已經侵噬到國家血脈之中。再聽任其發展下去，必將毀壞美利堅合眾國的道德與精神，將國家送上滅亡之途。

金恩發出沉重的呼籲，鼓勵全國人民一起走出哀傷，並且挺身而出，拿出決心剷除傷害國家的種族隔離與歧視。

或許是甘迺迪遇刺所掀起的民怨沸騰，南方出身的副總統林登·詹森繼任後，國會隨即於隔年通過民權法案。一九六四年七月二日，詹森總統於白宮簽署該法案，金恩博士與其他黑人領袖，以及總統的閣員等，全都一起出席此一簽署儀式。詹森發表演說表示：「在上帝面前一視同仁，現在，他們將在投票站、教室、工廠、旅館、飯店、電影院與其他公共場所，獲得平等的權利。」

會後，詹森總統將簽署民權法案用的筆，致贈給金恩博士，作為紀念。

金恩認為民權法案的簽署是一件偉大的事情。雖然歷經了漫長的抗爭示威，但這些本身也是推動立法與執行不可或缺的一部分，因為抗爭引爆的衝突迫使聯邦政府積極介入，對問題做出反應，提出解決之道。抗爭替解決問題打開了契機，將所有人納了進來，一起面對、解決問題。

除此之外，抗爭還能幫助生活在屈辱中的黑人團結，增加勇氣，恢復尊嚴，變得堅強，因為黑人終於了解，打在肉身上的暴力之痛，沒有無形的種族隔離政策所帶來的羞辱感來得痛。如果承受暴力就能換得尊嚴與自由，那麼將有越來越多人心甘情願迎上前承受暴力。

然而法令通過不難，難的是讓民間社會接受，特別是那些激進的白人團體。南方各州，仍然紛擾不斷。

第十八章　密西西比的自由之夏

如果這片土地中所有真正勇敢和公正的人，都成為政府的敵人，站出來反抗它，保護它所壓迫的人……

——亨利．梭羅

美國的未來就在這裡，就在密西西比。

——馬丁．路德．金恩

在迎來民權法案之前，一九六四年的夏天，在密西西比州發生了一場日後被稱之為「自由之夏」的運動。

密西西比是美國南方大州，過往的主要經濟作物是棉花，素有「棉花王國」之稱。需要大量黑奴的棉花產業，自然造就了密西西比龐大的黑人居民。然而，棉花產業沒落之後，許多失去工作的黑人亟需新的就業機會，卻受困於種族隔離政策而難以覓得足以餬口的新職位，留下來的黑人，生活在難以言喻的貧困之中，承受著經濟與種族隔離的雙重夾殺。當地白人的經濟狀況已然不佳，生活光景遠遜於其他南方州，黑人的處境更是悲慘。

這場運動之所以特別，不是因為參與人數眾多，不是一開始就發生不幸的殞命事件，而是這場運動，乃是由SNCC所發起，在鮑伯·摩西等學生領袖帶領之下，由來自北方州的一千多名出身中產階級的富裕白人學生，自發性地參與（而且大多不是首次參與黑人民權運動的相關活動），深入密西西比州各城鎮，遊說當地黑人參與投票登記。三個月的時間內，總共蒐集了一萬七千多名黑人的投票登記書，雖然最後被認可的只有一千六百多人，卻是一次重大的民權運動的勝利。許多黑人願意前往法院的舉動，已經是對密西西比與整個南方州的選舉事務上的重大突破，讓選舉朝民主之路更加邁進。

一場由白人弟兄主導，前來協助黑人弟兄爭取民權的運動，無畏當地3K黨白人的挑釁與攻擊，堅持到底，並獲得了豐碩的成果。一九六五年，美國總統詹森簽署了《投票權法案》，根據國會通過的這項全面性法律，所有年滿廿一歲、在密西西比居住六個月以上、無犯罪紀錄、精神狀況正常的公民，都享有自由選舉的權利。這項預防不平等對投票的傷害的法案之所以能成功通過，就是由一九六四年夏天發起的黑人選民登記活動催生的一項重大成果。

這群年輕人沒有資金與奧援，憑著滿腔熱忱，規劃了綿密的訓練計畫，以及執行進程。每天從早到晚，派出一批又一批的志工，年輕學生們以自己的雙腳，踏遍密西西比州，尋找願意登記成為選民的黑人。

遊說的過程並不容易，有些黑人知識水準不高，學生得花時間向他們解說整個登記制度，甚至經常被拒絕或懷疑。當黑人帶著恐懼與疑惑的臉看著這些行為異於其他白人的學生時，他們看到的是過往充滿恐懼與羞辱的記憶。參與計畫的學生必須設法與之攀談，令其卸下心房，並接受遊說登記成為選民。此外，學生們還得經常遭受當地 3K 黨白人挑釁，甚至被警察找麻煩，然而他們甚少有人退卻，參與者無不奮勇向前。

來到「自由之夏計畫」的學生，第一件事情就是合宿，接著必須接受非暴力抗爭的各式訓練，然後才開始訪談黑人登記的工作。

「自由之夏計畫」一開始，就有三名白人——一名學生和兩名志工（安德魯．古德曼、詹姆斯．

錢尼、麥克．史沃德）——搭乘一輛小休旅車前往調查密西西比州費勒戴菲亞附近發生的教堂爆炸案後，就此失蹤，不曾回來過。車輛很快就在波格契托沼澤被發現，屍體則直到八月才在費勒戴菲亞附近的土堤被發現，錢尼身上有被痛毆的痕跡，相驗法醫大衛．史班博士的說法是：「這個男孩曾被毆打成一團肉泥。」其他兩人則是被人朝胸口開槍斃命。就連專業的法醫都受不了現場的慘烈狀況而感到悲憤不已。

原來，三人在出發當天下午就被當地警察以違反交通規則為由逮捕，拘禁到晚上才被釋放，被釋放後，三人應該是遭到當地極端主義白人分子攻擊，被私下處決而身亡。

雖然一開始出師不利，被白人以凶殘手段示警，參與「自由之夏計畫」的學生們也很快就知道了三人失蹤且可能招致不幸的消息，少部分學生在父母的壓力下退出了，然而更多人選擇留下來（當然內心還是會感到恐懼，但學生們選擇面對並克服恐懼）。他們相信「自由之夏」這個大家庭，願意放手一搏。

別忘了，參與「自由之夏」的學生是北方州富裕家庭出身的白人學生，許多人即將進入名校或已經在名校就讀，擁有大好前程並且是種族隔離政策的既得利益群體，根本不用來蹚這渾水，但他們還是來了，帶著勇氣與堅定的決心來到密西西比，協助他們的黑人兄弟。

來到南方的年輕白人親眼目睹南方州黑人的悲慘光景，甚至親身承受種族政策的攻擊迫害，這些烙印在身上的記憶，也都隨著他們日後返回北方的日常生活時，透過講述的方式告訴更多北方的白人弟兄，讓更多原本以為事不關己的人們了解南方黑人的問題，並且成為南方改革的重要助力。陸續因為「自由之夏計畫」而前往密西西比的白人，紛紛驚訝於當地黑人生活光景的悲慘，陸續將當地的慘狀傳了出來，讓更多人看見聽聞，喚醒仍在沉睡的人，以及那些選擇沉默的人。

難怪金恩盛讚這些學生的勇氣與團結，並相信這樣的力量將能協助美國消滅種族不平等政策。他在「自由之夏」期間也親自前往密西西比州考察這場由學生發起的運動，不過並沒有令旗下的南方基督教領袖大會參與，一來對方並沒有開口要求，二來尊重活動發起者的主導權。不過金恩還是對資格審查代表大會發了聲明，進行道德呼籲，懇請他們尊重正在發生的事情，不要阻撓黑人取得投票資格。

雖然「自由之夏」的實質成果不多，但卻替民權運動撒下了許多寶貴的種子，黑人們了解了自己的權利，也願意挺身而出來爭取自己應得的權益，不再繼續忍受逼迫與屈辱。改變不公義光景的時刻，已然降臨。

日後有學者研究「自由之夏」，指出這場運動更直接影響了一九六〇年代後半美國展開的反戰運動、性別平等運動等各項社會運動的開展，可以說是美國一九六〇年代青年造反運動與反戰運動的種子，是一次了不起的社會實驗，而且竟然成功了。

第十九章　獲頒諾貝爾和平獎

我的內心有個聲音提醒，溪谷在召喚，那裡充滿痛苦、危險與挫折，我要回溪谷去。

——馬丁·路德·金恩

一九六四年十二月十日，金恩出席在挪威奧斯陸舉辦的諾貝爾頒獎典禮，領取當年度的諾貝爾和平獎。雖然早已知道自己獲得提名，但是當得獎通知送達時，他還是感到不知所措，如夢似幻，一點心理準備都沒有。

不過金恩很清楚一件事——這個獎不是頒給他個人，也不是對他的作為的認可，而是頒給整個黑人民權運動的所有參與者。正是這些人堅持努力做正確的事情，以非暴力對抗錯誤制度的精神，才是贏得諾貝爾和平獎的關鍵。他充其量只不過是個代領人。

他認為諾貝爾和平獎是授予一般民眾的獎，用以表彰其勞苦功績。這些人是蒙哥馬利五萬五千名參與拒乘公車運動的黑人，是占領餐廳座位抗議的學生，是自由乘客，是許許多多被殺害的黑人，是參加華盛頓大遊行的黑人與白人。

這個獎是給予可敬的民權運動人士，因為他們的克己、忍耐、勇敢、自制，以非暴力抗爭尋求建立一個充滿愛與公義的國家，儘管挨打、入獄，卻毫無怨言，深信身心靈的力量乃是暴力所無法屈服。無數的無名英雄奮鬥努力，讓這場運動登上國際舞臺，備受讚譽，獲得挪威議會頒贈和平獎。

金恩獲頒諾貝爾和平獎的消息傳開之後，世界各國也紛紛關切美國黑人民權議題，更有不少人對美國的種族隔離問題感到不可思議，各界呼籲美國廢除種族隔離的聲浪越來越大。諾貝爾和平獎肯定了金恩與黑人們的努力，更替他們在國際上贏得了許多支持的盟友。

金恩與美國黑人民權運動的獲獎，也激勵了仍在南非與種族隔離政策奮鬥的曼德拉，鼓舞了許多正與不公義爭戰的人的心志，使他們相信自己走在正確的道路上。

金恩在挪威和瑞典期間，發現當地的經濟狀況雖不如美國強大，科技文明也不若美國先進，然而人權獲得保障的狀況卻遠勝美國。當地政府致力於消滅失業與貧窮問題，致力於提升人民生活水準，當地人民已經能夠享受免費醫療和平等的受教權，凡此種種，都令他十分震撼。

人民的幸福究竟由什麼構成？經濟的富裕真的代表幸福嗎？金恩對此深感苦惱，美國看似富裕、實質上卻不如北歐的態勢再明顯不過！

挪威領獎之行，大大開拓了金恩的眼界，他發現種族不平等問題固然亟需解決，然而還有兩大議題也很重要，分別是貧窮與戰爭。這三者看似彼此獨立、毫無關係，其實息息相關、緊密扣連，牽一髮而動全身。

金恩知道諾貝爾和平獎得主的身分，能帶給他無與倫比的光環與社會影響力，所以他必須善用這份光環，以他一貫信仰的非暴力哲學，協助世界解決三大問題。即便以非暴力對抗戰爭與貧困看似荒唐幼稚，他仍深信不疑，唯有以愛為出發點的非暴力哲學，才是真正消滅種族隔離、貧窮與戰爭的最佳武器！

唯有世界性的種族不平等、貧窮與戰爭問題被消除，人類才能使進步的道德與進步的科學相輔相成，也才能學會和諧相處的藝術。

金恩相信人類可以共同攜手解決問題，迎向更美好的未來！

第二十章　塞爾瑪—蒙哥馬利連線

這個國家裡有良知的人不能冷眼旁觀，坐視不管。

——馬丁・路德・金恩

一九六五年的塞爾瑪，黑人生活光景一如一九六三年的伯明罕，黑人仍被拒絕於公共生活之外，白人政府以各種技術性手段阻撓黑人取得投票權，像是拖延登記，布署白人警察威嚇黑人，或是舉行難度不一的考試（通過考試才能取得投票資格）等，將每個公民都擁有的權利限縮為極少數通過審核者才能取得的資格。

金恩博士認為協助黑人取回投票權利，將對於推動黑人民權具有指標性意義。有鑑於塞爾瑪的狀況，遂決定以此作為爭取黑人投票權的主戰場。

於是在詹姆斯・拜威爾穆斯的帶領下，直接行動組決定舉行一場大規模的爭取選舉權運動，正面挑戰阿拉巴馬州白人政府對黑人權利之挾制，同時鼓舞黑人弟兄姊妹們投入民權運動的行列。

金恩等人決議於一九六五年一月二日，也就是當年的登記選舉日，在塞爾瑪發起示威遊行，同時鼓勵黑人前往登記投票。結果遊行還算順利，當地的警察局長也許是忌憚於金恩的諾貝爾和平獎之光環，並沒有大動作鎮壓，只是技術性地將遊行人龍切割成一小段一小段，並表示如果不遵照此一規則，遊行權利恐怕將被收回。

金恩原本還以為自己挑錯了地區，竟然碰到對黑人友善的警察局長。後來才知道，警察局長原本想的是默許一次遊行，藉此讓雙方都有臺階下，可以順利結束，其實心裡對於黑人遊行示威活動感到非常不悅。

當第二天金恩等人再度派人前往法院前面示威抗議時，就全數遭到逮捕，關入監牢，而且此後上街遊行的群眾也陸續遭到逮捕，一個月下來，竟有三千多人遭到逮捕下獄，人數比順利登記取得投票資格的黑人還多。

事後金恩曾經開玩笑地說，挪威國王肯定沒想到，領取諾貝爾和平獎的男人竟然不到六十天後，就被逮捕下獄。金恩博士本人也在一九六五年二月一日的遊行當中，與其他兩百多名夥伴共同被捕。

諾貝爾和平獎得主被捕的新聞，很快地傳播到全世界。

人在監獄的金恩，並沒有閒著，透過信件對所屬的組織下達命令，指派工作，繼續執行示威抗議活動。截至那時為止，金恩早已不知為了民權運動下獄多少次，接過多少暗殺威脅恐嚇了！

金恩誓言向煽動與蠱惑人心等醜惡行為的勢力宣戰，未達目的絕不罷休！

二月五日，因有人保釋而離開監獄的金恩，隨即搭機前往華盛頓，拜見美國政府剛成立之機會均等委員會的主席，當時的美國副總統赫伯特．漢弗萊，還有司法部長尼古拉斯．卡岑巴赫，商討關於黑人投票權利行使之事宜。金恩再三強調，每一個公民都有行使投票權的自由，不應受到任何勢力和原因的阻撓，更不該遭到警察的粗暴對待，或其他公民的歧視。金恩同時還要求司法部長下令釋放塞爾瑪遊行抗議活動中被逮捕下獄的三千多名黑人。

二月十日，一百六十五名青年群起集結，上街遊行抗議，卻被警察局長的手下以車輛團團圍住，再派人以警棍強力毆打然後驅趕出城。

一週後，一名伐木工人在一場遊行抗議活動中被警察打死，全國輿論沸騰。示威抗議活動進入三月，白人種族主義的堅定支持者，阿拉巴馬州的州長華萊士下令解散遊行活動。金恩等人當然不同意，因為抗爭訴求還未達到。金恩做好了最壞的打算，遊行群眾將被軍隊逮捕入獄。沒想到金恩錯判形勢，州長的確是動用軍隊，只不過並不是原先預期的逮捕下獄，而是更為直接的暴力攻擊。

三月七日當天，阿拉巴馬州的軍隊襲擊手無寸鐵的遊行示威群眾，以優勢武力強行鎮壓，造成許多人流血受傷，哀鴻遍野。

三月九號，蒙哥馬利聯邦法院的法官下令禁止遊行活動舉行。金恩做了一個大膽的決定，在不違反法律的情況下又能讓遊行繼續，金恩發動了一場塞爾瑪—蒙哥馬利連線遊行，邀請全美民眾來到塞爾瑪，一起遊行走到阿拉巴馬州首府蒙哥馬利，邀請全美民眾，一起協助南方州的黑人爭取投票權。金恩把原本僅限於地區性的遊行活動，擴大到全國性的遊行活動，成功化解了遊行禁令卻又不違法。

得知金恩的決定後，州長派人來跟金恩商議取消遊行的可能性，他不想見到軍隊暴力鎮壓群眾的慘劇重演，這將嚴重傷害國家形象。金恩則對州長說：「你們應該要求軍隊不要動用武力，而不是要求我們不遊行。我們一定會上街遊行！」金恩知道，唯有以非暴力和平手段，正面迎向暴力攻擊的威脅，才能對抗邪惡勢力的壓迫，絕對不能動搖或屈服。州長見金恩心意已決，只好對他說，會想辦法阻止軍隊使用武力鎮壓。

遊行開始前夕，金恩在一次對群眾宣揚其非暴力抵抗主張的演講中宣示：「我寧願倒在阿拉巴馬的高速公路上，也不要良心受到折磨。遊行的時候，一定不要亂，要忠於非暴力思想。如果做不到打不還手，就請離開。如果能做到，就是為了拯救我們的國家做出了偉大的貢獻，阿拉巴馬將會因你而改變。」

當天的聚會順利結束，沒有和軍方展開大規模衝突，雖然軍方始終沒有表示要放棄使用武力鎮壓。

不過，三月十一日還是傳出不幸的消息。來自波士頓的白人牧師詹姆斯·里布，遭到四名年輕白人暴民痛毆而身亡。金恩痛心地表示：「里布牧師死於道德敗壞的社會，這個社會仇恨洶湧、暴力橫行。他死於阿拉巴馬毫無人道的社會氛圍。」

詹森總統聽聞消息也十分震怒，親自前往國會提交一份新的投票權法案，電視更全程轉播了他的演說：

今晚我將代表人類的尊嚴發表談話，我代表民主的命運發表談話……在塞爾瑪發生的事情，是在全美各州的每一個角落，正在進行的一場運動的一部分，是美國黑人為了確保其生活在美國的權利所做的努力。

他們的工作，也是我們的工作。

我們一定會勝利！

里布牧師之死，喚醒了新一波的憤怒，許多神職人員開始朝塞爾瑪前進，更讓金恩決心要將遊行群眾帶往蒙哥馬利，無論前方橫亙多少阻攔。這起不幸事件喚醒了全美國的良心，開始有人群從全國各地趕來共襄盛舉。

三月廿一日，塞爾瑪—蒙哥馬利連線遊行正式開走，遊行群眾翻越荒涼山谷，攀登綿延山巒，走過曲折的公路，在崎嶇的小路邊休息。有人被曬傷，有時暴雨打在群眾身上，每個人的雙腳與肉體皆疲憊不堪，卻沒有人打算停下來。

三月廿五日，群眾順利抵達蒙哥馬利市，一種難以言喻的凱旋勝利氛圍籠罩著遊行群眾，這是一支擁有五萬名群眾的民權精銳。

這場遊行不再只有黑人與黑人教會參與，更有來自全美各地的白人與白人基督教徒、天主教徒、猶太教徒，紛紛加入了遊行的行列。各種宗教與宗派空前團結，四百多名各宗派的牧師、神父、修女、拉比與其他宗教的神職人員，共同站在隊伍的最前端，象徵著難以言喻的團結，誓言破除加諸在南方黑人身上的不公義桎梏。

金恩認為塞爾瑪遊行替美國教會帶來了第二次大覺醒。教會從過往的冷眼旁觀、小心翼翼、不輕易碰觸民權議題，到如今終於願意大規模加入。這是一支基督精兵，所有弟兄姊妹團結在一起，站在承受苦難的上帝子民身旁，成為最強而有力的奧援。

知名基督教作家，天主教神父盧雲也參加了此次遊行活動。他在《和平路上》一書中，記錄了這段經歷。當他聽聞金恩在媒體上發起呼籲，邀請大家前往塞爾瑪時，他感覺自己的良心正在遭受催逼。如果自己是個關心種族融合的人，是個相信每個人都應該獲得自由的人，怎麼能夠不出現在塞爾瑪？盧雲自陳並不是個熱愛遊行示威的人，更別說在美國他還是名外國人，但是他無法拒絕這個邀約，他知道自己必須前往塞爾瑪，他不能再假裝中立，必須堅定地表達自己的立場。

支持哪一邊？

以警棍毆打人的那一邊？還是被警棍毆打的那一邊？

盧雲做了一個決定，他要前往塞爾瑪，深入南方，去面對那個呼召。他意外地發現，當自己做出決定後，原本猶豫不決的掙扎竟然停止了，整個人感到平靜。

當聖靈說「前進」時，我們便前進！

盧雲發現，來到這裡的人，都是屬神的傻瓜，有理想主義者、和平主義者、神的見證人、年輕的學生、浪漫主義者。聖靈差遣他們來，他們就來了！

塞爾瑪—蒙哥馬利遊行結束後，促成了全美民間社會的團結，一九六五年八月六日，詹森總統簽署了新的選舉法案，至此全美公民獲得一體適用的投票權利，不分黑人白人，同時也廢除了利用人頭稅與識字能力測驗等阻撓黑人取得投票資格的各種手段。非但如此，聯邦政府將會派員前往黑人地區，為各地黑人有意登記成為選民者進行登記。金恩也在場見證了法案的簽署。

百忙之中的金恩，其實非常掛念自己牧會的弟兄姊妹。除非萬不得已，否則他很少連續兩週都不在自己的教會主持主日崇拜。雖然外界對金恩的印象乃是積極推動黑人民權的革命鬥士，重視社會福音的推廣，但其實金恩本人是神學涵養豐厚，且熱愛教會生活與弟兄姊妹情誼的基督徒。只是時勢所逼，他無法默許自己安穩地留在溫暖的教會裡，轉過頭不看世上正在發生的苦難，因為他的黑人弟兄姊妹們仍陷在不公義的光景中受苦。

就算再辛苦，金恩博士總要趕回教會和弟兄姊妹團契，登臺講道，主持週日晚上的星期日聖餐禮拜。

第二十一章　組織北方黑人，發起籃子麵包運動

喚醒逼迫者裡面的羞恥心，以及挑戰他虛假的優越感。最終是和好，最終是救贖，最終是創造一個彼此相愛的社群。

——馬丁．路德．金恩

金恩多年來一直致力於為南方黑人的自由而奮戰。因為南方還保有制度性歧視的種族隔離政策，使得南方黑人生活在不公義法律的桎梏下。

然而這不代表北方黑人的生活就完全沒有問題。雖然北方黑人沒有種族隔離法案的制度性歧視制約，卻仍有無形的種族隔離和歧視存在。例如：黑人只能從事某些行業的工作，而且多半是低薪過勞的工作，勞動權益毫無保障可言。

不像南方黑人那樣清楚地知道自己要對抗的是什麼，因而容易動員，黑人之間的情誼也容易凝聚，顯得團結。某種程度上來說，正因為北方黑人沒有一個明確可以聚焦的錯誤制度存在，使得北方黑人的問題反而更加棘手，難以解決。

北方黑人的問題是貧窮，許多黑人生活在貧民窟，雖然可以自由出入公共空間，不存在有形的法律制約，日子卻一樣過得沒有盼頭。

北方工業大城芝加哥，就是這樣一個地方。一九六五年夏天，金恩應當地黑人領袖邀請，加入當地推動提升種族融合教育的運動。這場運動在芝加哥已經推行了五年之久，卻難有斬獲，未能充分融合種族的學校，反而成為貧窮黑人的壓力。貧窮的黑人來到公立學校讀書，只是獲得一次又一次的挫敗與傷害。

該年七月，金恩就學校問題在芝加哥發起了一場三萬人規模的遊行示威活動，抗議芝加哥政府默許公立學校依舊存在種族隔離政策，以非正式的手段將黑人隔離在某些學區之外，黑人學生無法按照學區分發就學。

另外，金恩希望在芝加哥發動一場大規模的非暴力運動，對當地的貧民窟與貧窮問題宣戰，幫助住在貧民窟的黑人弟兄姊妹脫貧，得以向上流動，躋身主流社會。

如果繼續放任貧民窟問題不管，將會滋生暴力與犯罪行為，對當地居民的健康不好，對社會大環境而言也是治安隱憂，無論如何都必須解決這個問題。

然而，消滅貧窮問題，比廢除種族隔離制度更加困難。惡劣的生活環境、難以翻身的工作型態、微薄的收入，所造成的各種剝削正在傷害人的健康。貧民窟成為一種新殖民地，承受著主流社會的剝削，卻無法與主流社會共享經濟成果。

貧民窟的居民生活壓力非常大，時常處於緊繃狀態，隨時就可能和人打上一架，或者遭人襲擊，毫無安全可言。

金恩博士認為由貧民窟居民發動的暴力，不能全怪這些人，是社會辜負了這些人、遺棄了這些人，造成他們無路可走，只好以暴力攻擊主流社會。

金恩號召群眾，推動了選擇商家的「麵包籃子」（Operation Bread Basket）運動。這個運動的宗旨是：落實非暴力抗爭哲學，要求開設在黑人區的商家，提供就業機會給當地黑人，否則黑人便拒絕消費，以實際行動抵制黑人所遭受的不平等對待。直到一九六七年，全美有十二座城市加入這個運動，很快就有一些公司同意聘用黑人，以避免公司產品被列入抵制行列。

雖然公平住宅政策推動失利，消滅貧窮問題進展緩慢，然而金恩認為，一九六七年在芝加哥所做的事情還是很有意義的，它讓南方的黑人得以和北方的黑人合作，協助北方的黑人解決當地的問題，更讓金恩得以實驗非暴力哲學在解決貧困等社會問題上的功效。

金恩認為，協助解決住房、工作與教育問題，是消滅貧民窟的重要工作。因此致力於推動公共住宅政策，改善貧民窟的居住品質，並藉由推動學校的種族融合，減少黑人學生的就學挫折，設法提升就業狀況、改善經濟狀況、引入社會福利，協助貧民窟居民脫貧。

然而金恩也發現，光靠民間力量，消滅貧窮有其困難，必須拉政府一同加入。但此時的美國政府卻深陷越戰泥沼，國家寧可花上數十億美金在越南戰爭，卻不願意把錢用在改善美國公民的貧窮問題，這點更讓他決心挺身而出反對越戰，呼籲兩國政府停戰，把寶貴的經費使用在幫助兩國的貧窮人民身上。

第二十二章　即使被誤解與討厭，也要反對越戰

真理永遠在絞刑臺，錯誤永遠在王位。然而那絞刑臺搖動著將來，而在那黯淡的不可知背後，站在隱匿處的上帝，從上看顧眷顧屬祂的人。

——馬丁·路德·金恩

青少年求學時代即接觸非暴力思想，日後投身民權運動的金恩，自然反對以暴力和戰爭行為解決人類之間的衝突。因此越戰開打後，金恩一直很關切這場戰爭，獲頒諾貝爾和平獎後，更是積極奔走，呼籲美國停戰。

一九六五年夏天，詹森總統似乎有意改以談判方式解決越南問題，金恩也認為，與其繼續糾結於為何發動越戰的討論，不如先結束戰爭再說。誰是元凶、誰是壞人，都可以之後再談，先停止無謂的人命與花費的耗損再說。

有一段時間，黑人團體和報章媒體甚至因為金恩過於投入反戰活動，而埋怨他對民權運動不夠盡心盡力，可見金恩當時真的非常關注越戰問題。金恩認為：「一個真正的領導人不會尋求共識，而是製造共識。必要時，選擇一個既不安全也不恰當，更不流行的立場。只因為那是對的。」

金恩不忍戰爭繼續傷害窮人，這場戰爭正在摧毀美國的靈魂，還有越南成千上萬孩子的生命，他無法袖手旁觀、冷漠無言。「我不會坐在一邊看卻不吭聲，如果施行種族融合的世界不在了，種族融合還有何價值可言？」

一九六七年二月，蘇聯曾派出特使希望美國停止轟炸北越，作為進入和平談判的條件，無奈美國拒絕了，而且繼續發動軍事行動。金恩對於事態的發展感到難過，他發現多數國人對此事相當冷漠，就好像當年希特勒出兵歐洲各國，多數人也都不當一回事。他覺得自己像是個高音喇叭，說了不少卻做得不多，內心滿是焦慮。

該年春天，金恩出版《我們何去何從：混亂還是團結》一書，針對越南問題提出批評，直指這是一場「史上最殘酷而愚蠢的戰爭，這是我們的悲劇，我們的罪過。」

金恩厭倦那些高舉和平之名，發動暴力與戰爭的人，即便螳臂擋車、犬吠火車，他還是極力呼籲停戰，投入反戰運動。何況，美國新聞媒體對越戰的關切日深，對黑人民權議題的關切就會下降，其實也不利於黑人推動民權，故而積極發聲，呼籲停止越戰，對於黑人民權運動也是有所助益的。

另一項讓金恩博士焦慮的理由是，越戰太花錢了，花掉了原本可以用來幫助美國窮人脫貧的經費。「只要越南戰爭繼續消耗我們的人力、技術和金錢，美國就不可能投入資金和人力來改善窮人的生活。」

越南戰爭讓偉大的社會成了一個神話，取而代之的是存在諸多問題的社會。這場戰爭讓國內的極右派、反勞工、反黑人、反人道主義力量，假借虛假的愛國主義作為武器，得以侵入白宮，取得政治權力。利用國家的失敗來控制美國，將社會重建成特權階級橫行的地方。

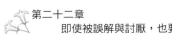

越南戰爭產生了可恥的優先順序，忽視都市的貧窮、骯髒與汙染的嚴重性，以及因此對人民所造成的傷害。當美國在越南叢林裡發動戰爭，美國貧民窟中也出現了各種生存戰爭。

戰爭破壞了經濟繁榮，造成通貨膨脹、縮減勞工薪資與退休人士養老金及所有人的儲蓄，將國家進一步推向貧困，讓許多人落入貧窮光景。活在最富裕的國家，卻無法獲得安全保障。戰爭還摧毀了大量的年輕生命，沒人同情那些不斷被送上戰場的年輕靈魂。許多士兵無辜枉死，倖存者也被迫在戰場殺人，承受毀滅性的痛苦。

明明國家可以變得更好，卻選擇一條變得更差的道路走，讓金恩感到內心受催逼，必須出來反戰，即便很多人對此不諒解，直指他不愛國。

金恩不是不知道ＣＩＡ的大頭目胡佛相當討厭他，平日派人監視與監聽他的言行舉止，蒐羅各種證據，就是想栽贓他為共產黨的同路人，削弱他在美國的道德聲望。他的反戰立場很容易就被政府貼上親共的標籤。即便如此，他還是義無反顧地反戰。

「金恩的男女關係始終很混亂，除了妻子，外面還有女人」，這樣的流言時有所聞。這個傳聞始終是信者恆信而不信者恆不信。至於這個傳聞之所以流傳，與胡佛有關，他知道想要削弱金恩的道德影響力，只有破壞其道德威信，抹黃是很有效的手法。

關於金恩博士的淫亂之說，楊腓力在《靈魂的倖存者》一書中的評論最為公允——

> 無論金恩博士個人在此事上是否跌倒犯錯，我們都知道，從《舊約聖經》裡就能知道，我們的神常常會使用性格並不聖潔的人，來成就神的工作。好比說所羅門，讓後人敬重的絕對不是他

的生活方式，而是他的智慧。金恩致力於廢除種族隔離政策的努力和決心都是有目共睹的事實，決不會因為他曾經犯錯跌倒而被否認，畢竟誰沒有犯過錯？誰的過去沒有汙點？

楊腓力更直言，過去許多質疑金恩博士，認為他不配作為神的器皿的基督徒，卻若無其事地在反對民權運動的教會聚會，對白人欺壓傷害黑人的行為視若無睹，這種只看見別人眼中的刺，卻看不見自己眼中梁木的行為，也高明不到哪裡去！

白人基督徒怎麼可以一方面默許傷害黑人的事情遍地橫行，一方面指控金恩博士個人道德操守有問題，以此否定他在民權運動乃至教會服事的付出？

今天一個人對什麼罪有感覺，又對什麼罪視若無睹，是值得深思的問題。楊腓力不解的是，為何教會總是頑固地選錯邊？教會不是追求公義、和平與愛的群體嗎？

一九六七年的金恩，在全美各地發表反戰演說，參加反戰示威遊行。他認為民權運動追求的目標與反戰相同，都是人類之間的和平相處，所以民權和反戰絕對不是毫無關係。他花費了很大的力氣，向質疑他反戰的人解釋反戰的必要性與價值所在。

身為基督徒、民權分子和諾貝爾和平獎得主，無論哪一個身分都是為了替人類締造和平而努力，為了讓耶穌基督的福音幫助更多人得平安而努力，因為每個人都是上帝的子女，白人是，黑人也是，越南人當然更是，神的子女不應該彼此傷害，當然不應該發起戰爭。

金恩直指越戰會將美國帶向軍事狂熱主義，會讓軍事產業複合體壯大，成千上萬的美國青年受傷，世界陷入核戰恐懼之中，粉碎和平的希望。即便反戰不若民權運動獲得群眾的大力支持，多數人的正義似乎仍以國界為分水嶺，每次發表反戰言論就被媒體修理，連支持他的黑人弟兄都表示存疑，金恩博士仍然不放棄，他揹起他的十字架。他了解十字架對他的意義，不會因為世人反對就放下。

第二十三章　貧民進軍華盛頓，金恩遇刺身亡

馬丁・路德，為公義站起來，為正義站起來，為真理站起來，我就常常與你同在，直到世界的末了。

——金恩在夢中聽見耶穌對他說的話

如果肉體的死亡是我們必須付出的代價，我們因此能將孩子與白人的孩子從永恆的精神死亡中解脫，我們將會鼓起勇氣平靜地接受。

——馬丁・路德・金恩

為了解決北方州黑人的貧窮問題，金恩開始籌畫「為了工作和收入的行動——貧民進軍華盛頓遊行」活動，希望透過華盛頓遊行，喚醒世人關切富裕國家中的貧窮問題與窮人光景，這是主流社會視而不見的社會議題。

金恩相信，貧民大遊行將能發揮巨大影響力，促成重要的社會變革，為貧窮的黑人帶來更多的就業機會，結束生活中不必要的歧視，讓窮人活得更好且更有尊嚴。

正當金恩積極籌備遊行活動時，田納西州的孟菲斯市發生了罷工運動。負責當地清潔工作的黑人受不了長期忍受低薪與過勞、且工作毫無保障的生活，終於在一九六八年一月底，一次加班工作後爆發。黑人清潔工發現自己領到的薪水遠比白人少，受到不公平待遇的黑人清潔工上街抗議，向市政府陳情，卻都得不到回應。二月十一日，孟菲斯的黑人清潔工發動罷工。

市長根本無動於衷，還威脅黑人若不回去上班，將直接解僱。此舉更激怒黑人清潔工，引發更大規模的罷工。

罷工之後，沒人收垃圾的孟菲斯，一下子就成了惡臭之地，不滿的民眾要求政府拿出解決對策，但市政府不想和黑人談判，只派出警察保護非工會成員的清潔工清運垃圾。

當地罷工行動發起人詹姆斯．羅森原本就是金恩的老朋友，在罷工活動開始後邀請金恩於三月十八日前來相助，並對金恩解釋了孟菲斯的狀況。雖然金恩的行程滿檔，但孟菲斯的罷工事件與他即將推動的貧民進軍華盛頓遊行訴求一樣，都是試圖解決黑人貧窮問題，他相信如果孟菲斯能在罷工抗議活動上取得成功，對全美黑人推動消滅貧困計畫將有極大幫助，便同意前往參加。

當天金恩發表了演說，鼓舞參與罷工的群眾：「我們厭倦了，我們厭倦身處底層，厭倦住在破房子裡，抗議是為了表達自己厭倦了辛苦工作但是酬勞卻少得可憐，連基本生計都沒辦法維持。厭倦了被榨乾精力，卻無法溫飽。因此我們必須遊行，讓所有人看見上帝的子民正在挨餓、受苦。」

金恩更公開呼籲，懇請更多人加入罷工抗議的行列。

然而金恩不知道，他在孟菲斯的作為已經激怒了某個人。三月廿一日，有個人打電話到WHBQ電視臺，要他們轉告金恩：「如果他再回到孟菲斯，就會被槍殺！」

三月廿八日，孟菲斯的一場罷工遊行突然失控。六千名群眾中藏著激進的黑人組織「入侵者」的成員，在遊行開始後，發動暴力攻擊，四處破壞，並鼓譟著要求參與示威遊行的群眾加入。群眾開始失去控制，金恩見狀想要結束遊行，從遊行第一排人群中走出，拿起麥克風高聲呼籲群眾解散回家，試圖指揮活動解散。

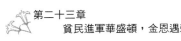

金恩的好友羅森擔心其安危，要求他儘快離開現場，不要再參與指揮活動。此時正好有一輛汽車朝金恩駛來，駕駛是羅森相熟的朋友，羅森便將金恩和拉爾夫送到下榻旅館休息。

那個誓言槍殺金恩的男子——詹姆斯．厄爾，雷伊，此時剛從密蘇里州傑佛遜市的監獄裡逃出來，準備執行他的槍殺計畫。逃獄的雷伊抵達阿拉巴馬州之後，四月三日先採買了槍械，接著便到金恩所在地孟菲斯，準備執行計畫。

當天傍晚，金恩和夥伴們在電話中討論進軍華盛頓遊行計畫，其他人勸他取消遊行，並且儘速離開孟菲斯，擔心他繼續待在當地會出事。

然而早就把生命交給上帝的金恩，晚上還是如期參加了在當地教會舉行的聚會活動，向現場的兩千名群眾發表演說。當天，金恩說了日後看來極為耐人尋味的話：

> 我不知道現在會發生何事，前方道路並不平坦，但這些並不重要，因為我已站在最高處。
>
> 我也想像其他人一樣活得長久，長壽畢竟值得嚮往，但我不在乎。我現在關心的不是這件事，我只想履踐上帝的意願，祂曾讓我走上巔峰，我從那裡放眼望去，看見上帝的應許之地。我或許無法和你們一同到達那裡，但今晚我很想讓你們知道，我們作為一個民族，一定會進入應許之地。今晚我很開心，不懼怕任何人，我看見上帝的榮耀降臨。
>
> 每個人都曾經想過關於死亡的問題，我也常常想到自己的死亡與喪禮，但卻意外地並不感傷。我常常自問：「我希望別人如何評價我？」
>
> 今天早上我是這樣寫的：

希望那一天有人說，馬丁·路德·金恩曾經將他的生命奉獻給其他人。

希望那一天有人說，馬丁·路德·金恩曾經努力去愛別人。

希望那天你們說，在戰爭的問題上，金恩做了正確的事情。

希望那天你們說，金恩努力使飢餓的人有飯吃。

希望那天你們說，金恩活著的時候，曾經竭盡全力使你們得飽足。

希望那天你們說，金恩活著的時候，曾經去探望被捕下獄的人們。

希望那天你們說，金恩曾經努力去愛，為了人類奉獻自己。

如果你說我是一顆音符，我乃是為了公義、和平與正義而吹奏，所有其他事情都不重要。我不留錢在身上，也沒有奢侈品，我只想留下我奮鬥、努力、忠誠的一生給你們。

如果我能幫助身邊的人，能用一句話或一首歌讓他們開心，如果能有人告訴他們選擇的路是錯誤的，如果能為這個紛亂的世界帶來拯救，如果傳遞了神交付於我的福音，我就沒有虛度此生。

現場群眾熱情歡呼，回應金恩的演講與禱告。

隔天，四月四日星期四，孟菲斯的緊張局勢突然升高，3K黨四處散發文宣，鼓勵白人出來教訓黑人和金恩。

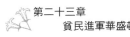

當天下午，金恩和拉爾夫在汽車旅館的房間休息時，原本是打電話叫客房服務，請旅館把午餐送到房間來。結果女服務員送錯餐點，只端來一份，金恩便和拉爾夫一起吃了那份午餐。不久之後，金恩的弟弟來了，他們一起打電話給金恩的母親，問候並閒聊近況，三人十分難得地度過了一個溫馨的午後。

當天下午，雷伊已經入住汽車旅館附近的一家出租公寓，躲在房間裡，透過窗戶監視金恩一行人的舉動。

傍晚，金恩的朋友凱爾斯牧師來接他，準備去他家吃晚餐。凱爾斯牧師還為此借了一輛豪華禮車，正停在汽車旅館房間的樓下。兩人互相寒暄了一番，先準備好的金恩對還在穿衣服的拉爾夫說要到陽臺去等候，便和凱爾斯牧師站在陽臺，倚著欄杆，閒聊打發時間，等著拉爾夫牧師出來。金恩的助理則在停車場附近，正和其他人閒聊。

幾分鐘之後，凱爾斯牧師先行下樓，朝停車場走去，準備開車過來載金恩和拉爾夫牧師。但拉爾夫還在房間裡刮鬍子。此時，門外突然傳來一聲槍響，衝出門外探看究竟的拉爾夫，發現金恩的右臉和脖子遭到槍擊，滿身是血，已經有一名便衣警察在金恩身邊，以毛巾壓住傷口，進行搶救。

遺憾的是，金恩傷得太重，幾次開口向拉爾夫說話，都口齒不清，無法辨認，不久後脈搏和心跳逐漸轉弱。救護車很快地趕到，將金恩送往醫院，卻還是搶救不回他的生命，心臟跳動逐漸從緩慢趨於停止，一代民權鬥士就此撒手人寰。急診室外，拉爾夫等一行人得知消息後，眾人低頭，簡短地做了一個禱告：

我們為馬丁・路德・金恩的靈魂禱告，願神以無限的仁慈保護他，令他在人們的心中永垂不朽，阿門！

金恩中彈身亡的消息，很快就傳了開來，詹森總統隨即宣布，四月七日為全國哀悼日，全美降半旗致哀。

四月八日星期一，孟菲斯展開了前所未有的遊行示威活動，超過三萬人為了悼念金恩，也為了爭取黑人勞工的權利，紛紛走上街頭。當地政府擔心事態擴大，隨即同意了示威遊行群眾的訴求，保障最低工資、給予工會代表權和應得的福利津貼。

遊行活動結束後，金恩的遺體隨即被運返亞特蘭大，設置靈堂供人前來瞻仰，副總統、國會議員與各地的政府首長，以及各界名人，紛紛湧向亞特蘭大，來向金恩告別。平均每小時有一千兩百人瞻仰金恩遺容，靈堂外聚集了超過十萬名群眾，都是為了哀悼金恩而來。

人們為金恩舉行了一場隆重而肅穆的喪禮，金恩的遺體則下葬南景公墓（South View

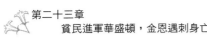

Cemetery），在旁邊陪伴他的是金恩從小最景仰的威廉姆斯祖母。金恩的墓碑上寫著：

終於自由了，終於自由了，感謝全能的上帝，我終於自由了！

隨後，金恩的死在全美各地掀起了巨大的漣漪，彷彿是為了發洩，或是為了克制已久的非暴力卻換得如此下場的悲憤，到處都在發生暴力衝突，聯邦政府甚至派出軍隊鎮壓，甘迺迪的遺孀賈桂琳夫人難過地表示：「我們國家究竟要到何時才能明白，凡動刀的必死在刀下。」

詹森總統公開呼籲白人和黑人攜手合作，「公民們不要盲目使用暴力，就是這盲目的暴力奪走了主張非暴力的馬丁・路德・金恩博士的生命。」金恩的夢想不會因為他的死而消逝，只要白人與黑人願意共同攜手合作，讓那些試圖分裂美國團結的勢力明白：「子彈不能統治美國，統治美國的只有自由和公義的人們所投票選出的政府。」

兩個月後，雷伊在英國的希斯洛機場遭到逮捕，判刑九十九年。然而許多人相信，雷伊只是受人指使的槍手，主謀另有其人。其中的真相恐怕和甘迺迪遇刺事件一樣，都成了解不開的謎團。

一九六八年五月，拉爾夫繼承了金恩的遺志，帶領貧民進軍華盛頓遊行，讓世人看見生活在富裕社會的窮人光景，呼籲世人共同面對與解決貧窮問題！

美國政府為了紀念金恩博士對於民權運動的貢獻，將他的生日制定為「馬丁・路德・金恩紀念日」，以紀念他的貢獻。

「日子將到，耕種的必接續收割的；踹葡萄的必接續撒種的；大山要滴下甜酒，小山都必流奶。」（阿摩司書九章13節）

參考資料

史韋，《黑幕下的暗殺》，九州出版社。
安亨模，《夢想領袖馬丁．路德．金》，吉林出版集團。
安德魯．科可，《公民抗命》，香港三聯書店。
米歇爾．海姆斯、肯尼斯．海姆斯，《信仰的完滿：神學的公共意義》，道風書社。
亨利．梭羅，《公民不服從：梭羅最後的演講》，紅桌文化。
亨利．梭羅，《我所嚮往的生活：亨利．梭羅的公民不服從和他的政治書寫》，商周出版。
何懷宏編，《西方公民不服從的傳統》，吉林人民出版社。
李芳，《非暴力鬥爭》，揚智。
沃弗，《公共的信仰：基督徒社會參與的第一堂課》，校園書房。
彼得．艾克曼、傑克．杜瓦，《非暴力抗爭：一種更強大的力量》，究竟。
阿瑟．施萊辛格主編，《馬丁．路德．金》，中國工人出版社。
查爾斯．杜希格，《為什麼我們這樣工作，那樣生活？》，大塊文化。
洛溫，《基督教信仰與公共選擇：巴特、布倫納與朋霍費爾的社會倫理》，道風書社。
約翰—保羅．弗林托夫，《如何改變世界》，先覺。
胡其瑞，《馬丁．路德．金恩：我有一個夢想》，三民。
香港商務印書館，《黑人民權領袖：馬丁路德金》，商務。
徐劍梅，《他們：奧巴馬心中的 13 位美國英雄》，北京大學出版社。

馬丁·路德·金，《所有勞工都有尊嚴：馬丁·路德·金關於民權的偉大演講》，湖南出版社。
馬丁·路德·金恩，《我有一個夢》，臉譜。
馬丁·路德·金著、克萊伯恩·卡森編，《馬丁·路德·金自傳》，江西人民出版社。
張恩鴻，《世界歷史未解之謎》，晶冠出版。
菲德利希·修雷美爾，《行動的基督徒：你的財寶在哪裡，你的心也在那裡》，南與北文化。
奧德萊爾，《從奴隸到公民》，譯林出版社。
楊腓力，《靈魂倖存者》，學生福音團契出版社。
溫克，《耶穌與非暴力：第三條路》，基督教文藝出版社。
道格亞當斯，《自由之夏》，群學。
達爾比，《馬丁·路德·金》，上海外語教育出版社。
德斯蒙·杜圖，《上帝有一個夢》，雅歌。
穆罕達斯·卡朗昌德·甘地，《我對真理的實驗：甘地自傳》，遠流。
霍倫巴赫，《公共信仰的全球面向：政治、人權與基督教倫理》，道風書社。
蘇珊·坎恩，《安靜，就是力量：內向者如何發揮積極的力量！》，遠流。
《馬丁·路德·金，我有一個夢想：馬丁·路德·金告訴我們》，中央編譯出版社。
《馬丁·路德·金，美麗英文：世界上最震撼的演講》，黑龍江人民出版社。
馬丁·路德·金著、James M. Washington 編，I Have A Dream: Writing & Speeches，Harper.
Harvard Sitkoff，Pilgrimage to the Mountaintop，Hill & Wang.

主流人物系列 4

以愛制暴的人權鬥士：馬丁路德金恩博士

編　著　者：王樵一
社長兼總編輯：鄭超睿
編　　　輯：張彤華
封 面 插 畫：劉聖秋
封 面 設 計：黃子芳

出 版 發 行：主流出版有限公司 Lordway Publishing Co. Ltd.
出　版　部：臺北市松山區南京東路五段 123 巷 4 弄 24 號 2 樓
電　　　話：(0981) 302-376
傳　　　真：(02) 2761-3113
電 子 信 箱：lord.way@msa.hinet.net
郵 撥 帳 號：50027271
網　　　址：http://mypaper.pchome.com.tw/news/lordway

經　　　銷：
紅螞蟻圖書有限公司
地址：臺北市內湖區舊宗路二段 121 巷 19 號
電話：(02) 2795-3656 傳真：(02) 2795-4100
以琳發展有限公司
地址：香港九龍灣啟祥道 22 號開達大廈 7 樓 A 室
電話：(852)2838-6652 傳真：(852)2838-7970
財團法人基督教以琳書房
地址：臺北市忠孝東路四段 210 號 B1
電話：(02) 2777-2560 傳真：(02) 2711-1641

2017 年 10 月 初版 1 刷
書號：L1710

ISBN 978-986-95200-4-1（平裝）

國家圖書館出版品預行編目 (CIP) 資料

以愛制暴的人權鬥士：馬丁路德金恩博士 / 王樵一著 . -- 初版 . --
臺北市：主流 , 2017.10
面；　公分 . -- (主流人物系列；4)
ISBN 978-986-95200-4-1(平裝)
1. 金恩 (King, Martin Luther, Jr., 1929-1968)
2. 基督教傳記
249.952　　106016267